ANTI-TIME MANAGEMENT
Reclaim Your Time and Revolutionize Your Results
with the Power of Time Tipping

反时间管理

如何创造更多可用时间

[美]里奇·诺顿（Richie Norton）◎著
杜长美◎译

中国出版集团
中译出版社

图书在版编目（CIP）数据

反时间管理：如何创造更多可用时间 /（美）里奇
·诺顿著；杜长美译 . -- 北京：中译出版社，2023.7（2024.12 重印）
书名原文：Anti-Time Management: Reclaim Your Time and Revolutionize Your Results with the Power of Time Tipping
ISBN 978-7-5001-7426-4

Ⅰ . ①反… Ⅱ . ①里… ②杜… Ⅲ . ①时间—管理 Ⅳ . ① C935

中国国家版本馆 CIP 数据核字（2023）第 096523 号

Copyright © 2022 by Richie Norton
The simplified Chinese translation copyright © 2023 by China Translation and Publishing House
This edition published by arrangement with Hachette Go, an imprint of Perseus Books, LLC, a subsidiary of Hachette Book Group, Inc., New York, New York, USA.
ALL RIGHTS RESERVED
著作权合同登记号：图字 01-2023-2077

反时间管理：如何创造更多可用时间
FAN SHIJIAN GUANLI: RUHE CHUANGZAO GENGDUO KEYONG SHIJIAN

著　　　者：	[美]里奇·诺顿
译　　　者：	杜长美
策划编辑：	于　宇　田玉肖
责任编辑：	于　宇
文字编辑：	田玉肖
营销编辑：	马　萱　钟筱童
出版发行：	中译出版社
地　　　址：	北京市西城区新街口外大街 28 号 102 号楼 4 层
电　　　话：	（010）68002494（编辑部）
邮　　　编：	100088
电子邮箱：	book@ctph.com.cn
网　　　址：	http://www.ctph.com.cn
印　　　刷：	固安华明印业有限公司
经　　　销：	新华书店
规　　　格：	710 mm×1000 mm　1/16
印　　　张：	18.25
字　　　数：	228 千字
版　　　次：	2023 年 7 月第 1 版
印　　　次：	2024 年 12 月第 6 次印刷

ISBN 978-7-5001-7426-4　　　定价：79.00 元

版权所有　侵权必究
中 译 出 版 社

致格里夫（Grif）

早晨起来,我在改善(或拯救)世界的欲望与享受(或品味)世界的欲望之间挣扎。这让人很难去计划这一天。

——埃尔文·布鲁克斯·怀特(E. B. White)

推荐语

《反时间管理》发人深省、令人称奇。里奇·诺顿的一生经历了太多磨难，但他却从生活的另一面找到了出口，创造了积极拥抱生活的方法，帮助我们重获时间、实现梦想。

——苏珊·凯恩（Susan Cain）

《纽约时报》畅销书作家

原来，我们对时间的理解是完全错误的！里奇·诺顿将彻底改变你的观念，教你如何利用时间，而不是滥用时间。我们原以为我们的问题是没有足够的时间，但是，我们真正的问题在于不够专注。如果你不想再被时间左右，就要完全掌控时间，解放自己，去做真正重要的事情，让时间为你工作，获得让自己成功的力量，掌握真正增加成效的方法……事实上，一两本爱不释手的书能真正"改变你的大脑规则"，而本书就是其中当之无愧的一本！

——杰·亚伯拉罕（Jay Abraham）

全球知名营销管理大师

里奇的文字触动了我的内心，彻底改变了我的思考方式。他分享的技巧改变了我的观点，让我的未来触手可及。他的见解以及提出的问题使我重新调整了考虑问题的先后顺序,进而分清了生活中事情的主次。

——西拉(Sirah)

格莱美奖得主

《反时间管理》太有说服力了!它会帮你厘清并优先考虑生活中最重要、最值得花时间的事情。里奇·诺顿的文字感人至深、意义深远,一些人物故事穿插其中,使你从头至尾感同身受。

——马歇尔·戈德史密斯博士(Dr. Marshall Goldsmith)

全球50大管理思想家(Thinkers50)之一,
全球高级领导者教练领域先驱,畅销书作家

本书的故事令人动容,影响深刻,内容实用性强,观点极具说服力,读来使人备受鼓舞。如果你想把梦想放在时间轴的前面,里奇·诺顿会教你如何做到。本书是继《每周工作四小时》后的又一力作。太棒了!

——惠特尼·约翰逊(Whitney Johnson)

Disruption Advisors首席执行官,被Thinkers50评选为"十大商业思想家"

里奇·诺顿是一个才华横溢的人,他又一次向我们证明了这一点!这本书写得非常精彩,充满突破性的见解,同时实用性极强,成效立竿见影。里奇帮我们将复杂的问题简单化,使令我们苦思冥想却不得其解的工作与生活的自由问题迎刃而解。他的方式方法鼓舞着我,给予我希望,并给我带来了快乐,让我为生活、家庭和事业创造了更多空间。我相信他也能帮你做到这一切。

——史蒂芬·M.R.柯维(Stephen M. R. Covey)

《纽约时报》和《华尔街日报》畅销书作家

里奇·诺顿总是能将他的战略、价值观和精神这一"撒手锏组合"运用到他所做的一切当中,《反时间管理》也不例外。本书将实用性的方法与变革性的动机完美结合。如果读了这本书并遵循其中的建议,你会脱颖而出,成为一个更明智、更快乐、更有效率的人。

——帕梅拉·斯利姆（Pamela Slim）

畅销书作家

《反时间管理》带来了燎原之势！这本书将释放你的能量,以一种意想不到的方式将你的时间转化为自由。我和里奇一起工作了多年,我用他的时间翻转方法使原本复杂无序的项目变得有利可图。里奇·诺顿将告诉你,如何让你不愿意做的事情自行运作,从而使你掌握主动权,把精力放在自己喜欢的事情上。你会像我一样,在成为时间翻转者的过程中找到乐趣。

——约翰·李·杜马斯（John Lee Dumas）

畅销书作家

里奇·诺顿注定会成为你的导师。《反时间管理》简化了彻底掌控时间的方法,从而让你掌控自己的生活！里奇给了传统的企业式时间管理迎头一击。同时,你也将学会如何更加灵活地利用时间,而不至于陷入自相矛盾的境地。因为设定目标时不能一刀切,所以你会喜欢上他独特灵活的方法。解救自己,不再心力交瘁,就读这本书！

——查琳·约翰逊（Chalene Johnson）

《纽约时报》畅销书作家

如果你想开始做一些新的事情,你需要时间；如果你想知道如何真正完成任务,读《反时间管理》就对了。里奇将掌控时间所需的确切方法分解开来，并以一种能给你带来成果的方式进行安排。我曾与里奇一起工作，其中很多方法我自己也使用过，我可以保证，这本书会改变你的生活。

——帕特·弗林（Pat Flynn）

Flynndustries 首席执行官

里奇·诺顿写了一本关于自由的书，它将永远改变我们对时间管理的思考方式。你将学会如何从长计议，采取正确的步骤，创造理想的生活。

——多利·克拉克（Dorie Clark）

美国杜克大学福库商学院教授

里奇·诺顿的《反时间管理》提出了一套范式，帮助我成为我们这个时代收听流量最高的唱片艺术家之一……而我是一名钢琴家。当我们只专注于自己的事项清单时，我们就会抵触更高力量的引导，而这种力量会带领我们在每一次冒险中取得成功。里奇，谢谢你提醒我和每个人，上帝赐予了我们一种力量，它可以使我们共同创造出前所未有的东西，这些东西将改善我们周围所有人的生活。

——保罗·卡达尔（Paul Cardall）

《公告牌》（Billboard）榜首艺术家

在这本书中，里奇将经验与生活经历完美地融合起来，并结合了要点启示、行动措施和一个重要提醒，即时间确实是我们最宝贵的东西。对任何想心无旁骛地在自己所做的项目中获得成功的人来说，这本书都是必读佳作。

——克里斯·达克（Chris Ducker）

畅销书作家

推荐语

确定你想要的生活,然后通过规划工作来建立这样的生活方式,会怎样呢?这是一个革命性的理念,但是没有你想象中那么难以实现。里奇·诺顿向你展示了他是如何做到的,并且告诉你通过什么样的方式你也可以做到。读这本书时,你会爱不释手,不由自主地反复思考其中的深意。

——劳拉·加斯纳·奥廷(Laura Gassner Otting)

《华盛顿邮报》畅销书作家

《反时间管理》让我大吃一惊。我自己永远都想不到用这种方式来思考时间。诺顿关于注意力优先与时间创造的观点是开创性的,它将帮助你在工作与生活的优先事项之间找到和谐。如果你想在生活中拥有更多时间,你一定要读一下诺顿的这本最新力作。

——雷特·鲍尔(Rhett Power)

Accountability Inc.联合创始人,《福布斯》专栏作家

《反时间管理》标志着一个新时代的到来。读完这本书,你将学会如何充分利用好你在这世上的宝贵时间,从而使你的生活欣欣向荣、事业蒸蒸日上。里奇说得没错!反时间管理完全不同于传统的时间管理。里奇·诺顿一直以来都是我的导师。在这本书中,他所讲的正是帮助我从一名穷学生变成收入达七位数的畅销书作家和企业家的方法,而且我做到这一切的同时,丝毫没有影响我享受我的家庭生活,迎接不断增加的新成员。这本书读来让人肃然起敬,太棒了!

——本杰明·哈迪博士(Dr. Benjamin Hardy)

畅销书作家

在将大的想法简化成可付诸行动的要点方面,里奇是一位大师。里奇让我们看到了自己在支配时间的过程中不可忽视的缺陷。这本书将逐步引导你去规划你想要的生活。

——汉克·福特纳(Hank Fortener)

AdoptTogether.org 创始人

能得到里奇·诺顿的指导并应用他的时间翻转方法,就像是站在山巅俯瞰人生,而不是置身于羊肠小径。我从一个忙到几乎没有闲暇时间的律师,变成了一个有时间做自己喜欢的事情的丈夫和父亲,快乐地实现着我的个人价值。同时,我的业务范围也在不断扩大,影响着比我想象中更多的人,这对我们理想的生活方式起到了保障作用。《反时间管理》提出了超越性的高效方法。它是生活中的一项宝贵遗产,将对我的家庭产生世代的影响。里奇为商业、生活和家庭带来的价值无法估量。

——AJ 格林(AJ Green)

Grnobl Land Co. 首席执行官

目　录

引　言　时间 = 当下即所有 // 003
导　论　为什么选择反时间管理 // 029

第一部分
目的：停止管理时间，开始分清注意力的主次

第一章　将目的因作为你的首要目的 // 043
　　　　如何选择做什么，什么时候做

第二章　寻求灵活性，而不是平衡 // 071
　　　　如何拥有自己的时间

第三章　先筑城，再修护城河 // 089
　　　　如何释放时间，然后保护时间

第二部分
实践：从分心到行动

第四章　项目堆叠 // 111
　　　　如何让时间为你工作

第五章　工作同步 // 131
　　　　如何使工作与生活同步
第六章　专家招募 // 153
　　　　如何完成一件你并不知道如何做的事情

第三部分
收入：不要把梦想变成工作

第七章　改变收入模式，改变生活 // 175
　　　　如何筑造经济护城河
第八章　珍惜时间，不要用时间衡量价值 // 203
　　　　怎样才能想做就做

第四部分
多产：超越目标、习惯和优势，不要落后

第九章　创造棱镜生产力 // 223
　　　　如何用小投入创造一系列大产出
第十章　提出更好的问题，得到更好的答案 // 241
　　　　如何快速提升你的思想境界

结　　语　追求多产，不要追求完美 // 257

致　谢 // 259
注　释 // 265
索　引 // 271

反时间管理：时间翻转框架

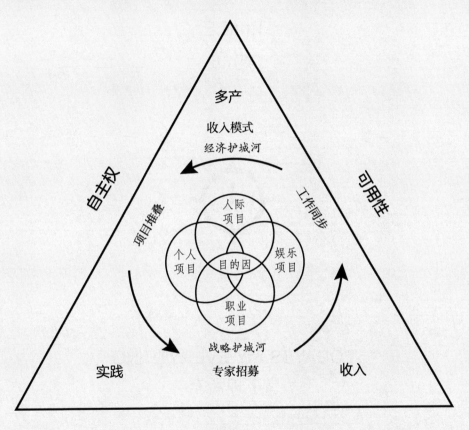

T.I.M.E.
时间

TODAY **I**S **M**Y **E**VERYTHING
当下即所有

引 言

时间 = 当下即所有

加文法则：生命在于行动，行动才是人生

"夏威夷遭受弹道导弹威胁。一枚弹道导弹正逼近夏威夷，请立即寻找掩蔽，静候通知。"

手机上弹出这条短信时，我正在朋友家的客厅里站着，离夏威夷的家和家人数千英里①。

我立即打电话给我的妻子。

无人接听。

我又打给三个儿子。

无人接听。

无人接听。

还是无人接听。

"这不是演习。请回复是，确认信息已收到。"

当我再次拨过去的时候，我 13 岁的儿子卡登（Cardon）接听了

---

① 1 英里 = 1.609344 千米。

电话，听得出他被吓坏了，结结巴巴地哭着跟我告别，他确信自己不一会儿必死无疑。

"爸爸，我爱你，非常非常爱。"

我在我一直站着的地方颓然坐了下来，眼神空洞。

我才十几岁的儿子，刚刚在跟我做最后的告别。

我深感无力，甚至没有办法去安慰我的家人。悲伤的情绪笼罩着我，因为这并不是我第一次面对这种情形。我什么也做不了，感觉很无助，这种感觉就像车轮滚滚而来，再次把我的世界碾压得粉碎。

在那一瞬间，我的脑海中闪过一个又一个悲剧的画面……伴随着许许多多的经历，我和我的家人一路磕磕绊绊走到了今天。

我依然清晰地记得那天，我搂着娜塔莉（Natalie）的肩膀走出了医院。我们在76天前走进一家医院，娜塔莉生下了我们的第四个儿子，而76天后我们从另一家医院两手空空地走出来，心空了一截，我们可爱的宝贝儿子加文（Gavin）感染了百日咳，因救治无效而不幸夭折。

我忘不了埋葬娜塔莉的弟弟加文那天，当时年幼的孩子们不明所以地看着我们，他们不知道自己的舅舅怎么了。他是在睡梦中意外离我们而去的，年仅21岁。

我想起了我们曾经收养的三个可爱的孩子，后来因为制度上的原因导致领养失败而失去了他们，不知道他们后来去了哪里，也不知道他们过得怎么样。说实话，这种痛苦有时候比亲人离世感觉更糟，因为没有结局。他们还好吗？他们知道我们仍然爱着他们吗？

最近发生的很多事情也涌入我的脑海。我想起了我亲爱的娜塔莉。那次收养失败后不久，在我们开车去机场的路上，她突然中风了，失去了记忆，无法把话说清楚。很多事情她都想不起来了，甚至连我们的名字也忘记了。我当时一边开着车，一边急切地想要弄清楚发生了什么事。我内心害怕极了，那种巨大的恐惧至今令我记忆犹新。我的大儿子雷利（Raleigh），当时只有12岁，尽管他妈妈叫不出他的名字，但他还是安慰着妈妈。我发疯般地寻找最近的医院，一找到就立即下了高速。

在医院里面对成堆的检查报告时，我被吓到了，我试着调整自己的情绪。我记得我那时几乎要支撑不住了，祈祷我们不会被娜塔莉的病击垮。我们从一家医院转到另一家医院。医生们做了各项检查，结果却是未发现异常。他们判断是中风或小中风的症状，但是神奇的是，他们并没有检查到娜塔莉的大脑有任何损伤。几天后，娜塔莉的头脑恢复正常，但留下了一些副作用，时好时坏。

医生告诉我们，娜塔莉的症状有可能会再次出现。实际上是很有可能再次出现。但是我们得照常过日子。因为除此之外我们无能为力。

我告诉娜塔莉，我觉得我们应该放弃旅行，很明显，回家躺在床上对她来说更保险一些。

她说："绝对不行。"

娜塔莉告诉我，如果让她躺回床上，她就再也起不来了，尤其是经历了这么多事情——失去弟弟、失去我们的宝宝、失去三个收养的孩子之后。为了自己，也为了这个家，她想振作起来。她当时想着，既然没有治疗方法，何不大胆一点，勇敢地走出去？

所以，她直面恐惧，最终登上了飞机。

我对她在中风后的勇气大为赞赏，同时，我也能想象到她在面对这次导弹袭击预警时会有多勇敢。然后，我的思绪又飘到了另一次悲剧发生的时候。

当时，我离开夏威夷前往一个活动现场做演讲，并计划好继续前往中国见我其中一家公司的新供应商。飞机落地时，夜已深，我接到朋友从夏威夷打来的电话。他先前打了两次没打通，还发了短信。

他说我11岁的儿子林肯（Lincoln）被一辆车撞了。

一名心不在焉的司机超速行驶，没有注意到正在过马路的林肯。小家伙的伤势非常严重。另一位去现场的朋友说，她甚至认不出他了。我取消了现场演讲和中国之行，即刻返回了夏威夷瓦胡岛。

记得当时，我又一次踏进病房，看到躺在病床上的儿子面目全非。林肯处于医学上的昏迷状态。遭受巨大的撞击后，他的肺部塌陷，部分肝脏坏死。他遭受了太多痛苦，受伤的地方无法一一描述，经历了多次手术，包括对他的面部进行了重建手术。当他终于醒过来时，说出的第一句话却是：

"我们还可以去潜水看鲨鱼吗？"

那是我们此前为他准备的生日礼物。不幸的是，他不得不在医院度过了他的12岁生日。

当时我想，这个车祸可能会吓坏林肯，让他从此不敢再体验生活。但是，他像他的妈妈一样，鼓起勇气，挑战更多的可能。每天他都在外面做他想做的事情，冲超过25英尺[①]高的巨浪、航海、骑山地自行车、竭尽所能地服务和帮助他人。车祸后，他知道了受伤是一种什么样的感受，这使他对他人怀有一颗独特的悲悯之心。

为什么得知我的家人遭到导弹威胁时我会想起这些事？

---

① 1英尺＝0.3048米。

- 我的儿子因百日咳夭折。
- 我的妻弟21岁意外身亡。
- 我们失去了一直由我们领养并监护的三个孩子。
- 我的妻子在35岁时中风。
- 我的儿子在11岁时出车祸,险些丧命。

我又读了夏威夷发来的第一条警告短信,在痛苦和恐惧中,我想:

"至少,我们活得没有遗憾。"

我们多次遭遇不幸,这使我们坚定地致力于过一种以价值为导向、以时间为中心的生活。我们不会等待在未来的某个时间才去实现我们的梦想。当我们希望拥有足够的金钱和经验去实现梦想时,也不会等待"也许某一天",而是今天就实现那些梦想。我们体会到,生命是短暂的,时间无比珍贵。我们可能无法拥有一切,但是我们竭尽所能去争取一切,一直如此。

当远在夏威夷的家人们躲在浴缸和壁橱,撬开维修井盖躲进下水道的时候,我却安然无恙地坐在四千多英里以外的地方,什么忙也帮不上。

接下来是我人生中最漫长的38分钟。最终,我们收到了"警报解除"的信息,这才知道整个事件只是一个意外——好像是操作错误,并非像政府和当地新闻电台宣布的那样是来自弹道导弹的袭击。[1]紧张的情绪逐渐散去,我长长地舒了一口气。我不禁深深地感激,并思考起"人生无悔"的重要性。

加文法则：生命在于行动，行动才是人生

我的妻弟加文和儿子加文先后离我们而去之后，我的导师问我从他们短暂的生命中悟到了什么。我不假思索地告诉了他加文法则：生命在于行动，行动才是人生。通过我的作品，我与来自世界各地的数百万人一起分享这句人生格言。创伤总是以一种不可思议的方式改变着你的思维方式。失去我生命中的两个加文，使我迫切地重新考虑如何安排自己的生活。在那些安静的自我反思时刻，我意识到，自己在内心里是多么珍视这句话，"生命在于行动，行动才是人生"已经开始改变我的生活。

当我被这句话深深地影响并且以此为准则做决定时，我看到其他人也开始以自己的方式做同样的事情。家人、朋友和周围认识的人在经历着生活挑战和内心挣扎带来的转变。他们的价值观正在悄悄地改变，他们对注意力和时间的选择也在发生着变化。

我很幸运地听到一些读者告诉我，《要成功，先发疯》[2]中的加文法则帮助他们把家庭、朋友和梦想放在第一位，将其作为一种选择，而不是牺牲有意义的工作。金钱和意义可以齐头并进。

加文法则有一种不可否认的能量。不要搁置压在心头已久的想法，开始行动，在生活中实现这些想法，是一生中的重要经历。

这一切不在于时间，而在于我们本身

我为时间（time）这个词做了藏头，提醒自己把注意力集中在重要的事情和机会上，同时活在当下、享受当下：

TIME = **T**oday **I**s **M**y **E**verything

时间 = 当下即所有

我写这本书的初衷，是帮助你创造一种可以专注于时间的高度信任环境，因为时间是一切资源之母。如此一来，你便能更好地服务他人，同时过上快乐而有意义的生活，尽管也会有风雨来袭。

本书的目的

我希望分清注意力的主次和创造时间能作为一项可习得的技能，照亮你的人生之路，你可以通过践行这项技能而更有效地实现梦想。

- 你将在生活和职业方面都有所成长，当下就以生活中最重要的事情为中心，而不是搁置你的梦想、亲人和雄心，等待将来有时间再去实现、去陪伴，因为这一天我们难以把握，可能遥遥无期，甚至永远都不会到来。
- 你将有机会弥补失去的时间，前程似锦，所到之处都能产生积极的影响。

接受世事无常，坏事有可能会降临到好人头上，但是你仍然可以鼓起勇气，怀着一颗感恩的心，继续前行。奋勇不易（甚至有点可怕），但坚持很酷。

勇气能帮助我们每一个人呈现自己内心最美好的一面。

本书将以创造性的思维打开你的心智，帮助你找到新的途径和机会。勇敢一点，给自己一次改变的机会，哪怕有时候没有那么容易。

每一次日落都是重启的机会

你们可能像我一样，有很多想做的事情，但是却一直没有时间去做。我写这本书的目的,一部分就是为了解决这个问题。我做了一件简单的事情,帮助自己欣赏每一天,缓解焦虑,为新的一天腾出空间。那就是:欣赏日落。

对我来说,日落代表了我生命中来来往往的事。

结束即开始。

当你在日落时重启自己的人生,不幸就变成了萌芽中的胜利,压力酝酿着即将到来的成功,误解也变得有意义起来,因为它使我们有机会重新建立信任。

本书的开端代表着你愿望的日落,本书的结尾代表着你梦想的日出。这意味着你从未来你想成为的人(日落)开始努力,为自己创造机会赢得今天(日出)。

想象一下两年后的日落。

思考一下,你希望在这730天里经历什么,想变成什么样子?

在每一次日落之间,你的所有行动决定了你是掌握人生的自主权,还是过着单调乏味的生活。

如果你已经实现了心中所想,那么今天的生活会是什么样子?

如果你现在就能根据理想未来的本质创建一个个人生态系统,每天不断地培养、强化和推动这些标准融入现实生活,那会怎样呢?

本书将帮助你挖掘多元思维的实践方式和灵活多变的工作方式,让你不再因为传统的目标管理、习惯管理和优势管理而陷入歇斯底里。

本书精心设计了一系列循序渐进的策略性问题,帮助你弄清楚你目前处于什么位置、你想到达什么位置,以及如何利用时间翻转到达这个理想位置。

时间翻转：超越时间管理

时间管理最初只是一种制定工资标准的手段，而不是为了提高你的生活质量而设计的。

100多年前，打卡钟的发明使工业家在人类与时间之间建立了一种新的对抗关系，打破了人类日出而作、日落而息的农耕劳作方式。科学管理之父弗雷德里克·温斯洛·泰勒（Frederick Winslow Taylor）在其1911年首次出版的《科学管理原理》（*The Principles of Scientific Management*）[3]一书中写道："在过去，人是第一位的；但在将来，制度一定是第一位的。"

制度是第一位的。

时间管理在工业时代体系里根深蒂固。幸运的是，如今那个时代已经渐渐接近尾声。大型企业再也不能靠压榨工人的血汗和眼泪来发展壮大。相反，如果企业采取这种方式，就会引起舆论危机，网络上的信息是流动的，人们也可以找到新的工作，得到更好的发展。至少，这是我对当今众多选择寄予的希望——选择的经济。

我和我的家人所创造的"以价值为导向、以时间为中心的生活"是我们自己选择的结果。我们为自己创造了一个工作环境，在这个环境里，我们优先考虑灵活性和注意力，这意味着"人必须是第一位的"。

人是第一位的。

"人必须是第一位的"模式使我们摆脱了被旧的时间管理方式大肆压榨的生活，也使得本书成为一本关乎现在并创造全新未来的书。与工业革命取代农耕劳作一样，我们现在拥有了先进的技术、算法和人工智能，它们正在取代蓝领和白领的一些工作。

谢天谢地。好在我们有办法控制这一切。

展望未来工作：后管理时代

管理革命发生了。

后管理时代来了。

大型企业不再继续发展壮大，而是最终划分成微型企业，分散开以保持灵活性。

领导者的权力将被分散开来，辨别力将成为最重要的领导能力。

管理者将更加具有企业家精神，对营收增长和净利润负有更直接的责任。

个体创业将崛起，因为自由职业者将成为可利用的资源。

教育工作者将不得不以不同的方式教学，使学生们在日新月异的数字、社会、政治、经济和文化背景中茁壮成长。

"虚拟现实"将变成现实，我们的工作和生活方式将不停地在虚拟与现实之间无缝切换，或者加速进入元宇宙。

专家在工作中必须停止机械化的工作方式，开始在工作中彰显积极的、更具个性化的风格。

机器人能做的任何事情将由机器人来完成。

当人工智能接管一切时（这真的很有可能发生），那么到时候人类的工作会发生什么变化呢？

人类将变得更加富有艺术性、思想性和创造性，提供更加具有价值和意义的东西——本质上，工作将变得更加人性化。

同时，随着来自四面八方越来越多的输入，我们必须取其精华，去其糟粕，培养更多的技能。适应工作信号，摒弃噪声，将成为一种颠覆式演变，也是一场辨别性革命。

全天无休的网络将私人时间和工作时间搅和在了一起，因此灵活、弹性的工作将越来越常态化，以实现更大的自由、平衡和自主性。人们希望在工作中，既能赚到钱，又能体现自己的价值，还能自主选择办公地点，或者完全实现地点自由。

商业的性质正在发生着变化。无论将来会发生什么，今天的机遇在几年前并不存在。你的未来亦是如此。因此，我们必须抓住机遇，创造能创造的，享受能享受的，并积极适应变化。

本书提供的方法不受时限影响，因此，你可以借助它们应对各种情况下夹杂在混乱和变化中的机遇和挑战。围绕优先事项安排生活与围绕工作安排生活是两种不同的生活方式，两者在时间上的成本和回报截然不同。但是，无论你选择哪种方式，都是你的选择。

> 工作可以保障个人生活，
> 但个人生活无须为工作让路。

由技术、全球环境以及对灵活性和自主性的喜好驱动的市场力量，已经打破了等级制的官僚主义的戒律。

欢迎来到后管理时代。

工作和生活的灵活性是开始，不是目标

如何在后管理时代工作？工作和生活的灵活性已经成为公司的一项激励措施。当一家公司实行一种利好政策时，这个政策对公司肯定是有益无害的。

工作和生活的灵活性计划是否曾让你感觉陷入了权衡取舍的困

境，陷入了一个时间陷阱？

时间陷阱表面上看起来让你更加自由，但其运作原理却类似仓鼠轮。

通常情况下，企业灵活性的"最佳典范"是，创造一种工作文化，故意让你在家里也陷于工作无法脱身。

- 工作政策和流程是否曾对你的家庭生活产生了不利影响？
- 你的家庭生活是否与工作时间冲突？
- 例如，如果你被工作困在家里的办公桌前，无法辅导孩子的三年级课程，这还会让你觉得比在办公室工作更灵活吗？
- 这个状况可以改变吗？

最佳典范存在的时间比它们受欢迎的时间更长。好好思考一下，并通过不断地学习、提升和实践来优化和改善你的生活。

重新调整工作和生活选择的优先顺序存在一定的风险，最普遍的工作和生活陷阱是，将一个低优先级任务替换成另一个低优先级任务，在任务管理与目标创建之间无休止地恶性循环。

你的生活注定要无休止地切换任务吗？

日程表无法解决这个问题，最新流行的时间管理方法也不能。

如果你总是从一个目标切换到另一个目标，从一个习惯切换到另一个习惯，或者把一种长处切换成另一种长处，但是仍然没有达到预期效果，这也许是因为你忽略了周围更大的环境，没有掌握真正的游戏规则。

你的工作和生活的灵活性水平，并不取决于你每周能在家工作多长时间，而是结合以下三个方面来衡量：可用性、能力和自主权。

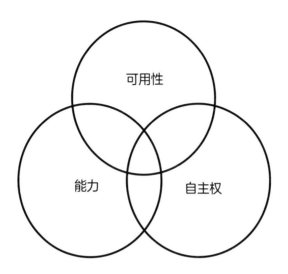

你可以问一下自己，创造你做一件事情所需要的"可用性、能力或自主权"有多么流畅，以快速确定你的工作和生活的灵活性水平。比如，问自己下列这些关于时间、方法和选择的问题：

- 我有多少时间可以随心所欲地深入一个新的项目中、延长假期、身心放松地闲逛、写一本书、停止工作等？选择任何一件你一直想做却没做的事情，并且问问自己为什么迟迟没有付诸行动。

  * 你有多少可用时间能实现它？
  * 你有空吗？
  * 你有时间去做吗？

- 如果你想做一件事，你有多大能力去做？你能立刻做吗？

* 你有多大的能力和行动力去实现它？
  * 你有能力做吗？
  * 你有方法做吗？

- 你有多少自主权、选择权、自由或发言权来做出这个决定？

  * 你的决策水平如何？
  * 在不对他人产生负面影响的情况下，你是否可以放开手脚去做这件事？
  * 你有选择吗？

工作和生活的灵活性不仅仅是时间上的自由，还是主动选择如何支配时间以获得更健康的工作和生活方式的自由。

让你的工作为你的健康生活提供保障是一种选择。

在工作和生活中，灵活性体现在"我有空、我能和我有自主权"，而缺乏灵活性则体现在"我没空、我不能和我无权选择"。

下次，在工作或生活中对你想做的事情说"不"的时候，问问自己是否可以再灵活一点。通过什么方式，可以让自己在不牺牲价值观的情况下提高做事效率。

不要指望老板赐予你灵活性。
你需要自己创造它——即便你自己就是老板。

你所做的每一个选择，都可能使你在一件事情上更有时间、更有能力、更自主，而在另一件事情上正好相反。天时、地利、人和，缺一不可。你可能有能力去做一件事，但没空；或者你有空去做一件事，却不被允许去做，反之亦然。

那么，如何使工作和生活真正灵活起来呢？如何在精神上体验到工作和生活的自由？解锁自主性、创造灵活性的关键在于，分清注意力的主次。

> 分清注意力的主次才能取得好的成效，
> 而不是靠管理时间。

时间翻转

掌控时间指的是有空闲、有能力、有自主权去选择如何有意义地支配时间，使此生无憾。它超越了时间管理。掌控时间并不意味着你需要一位时间规划师。你无须创造理想的一周，也无须尝试其他高效技巧。

> 以梦想为出发点，而无须奋力追赶它。
> 为人为己工作，皆可掌控自己的时间。

有时候，你可能会觉得，生活中的其他一切都要优先于你的梦想。就像有些人说的，你的"现实生活"经常让位于你的"工作生活"。在这个意义上，你的现实生活围着你的工作生活转，而你很少或几乎没有时间留给现实生活。

如今，我们在"管理"时间上很在行，尝试了很多种方法，但是，我们却仍然没有时间去追求我们的梦想，过自己的生活。

如果时间管理没有效果，那我们还有什么方法呢？

那就是时间翻转。

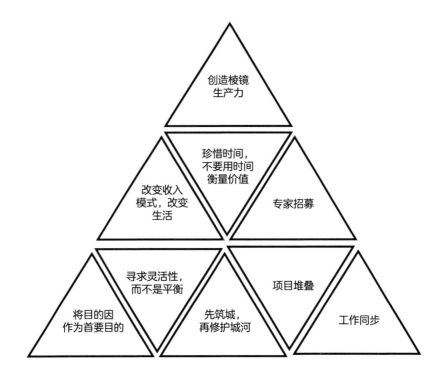

时间 = 当下即所有

时间翻转框架呼吁我们立即采取行动,并为可用时间创造积极的复合效应。

时间翻转自由是你创造的战略环境,事情一旦出错,你可以对其进行灵活处理,防止错误再次发生,并重新创建一个更好的未来。

你的理想工作方式只差选择时间翻转。

《反时间管理》教你如何完全接受以时间为中心、以价值为导向的理念,从而让你在享受时间、地点和收入自由的同时高效完成工作和生活中的头等大事。它提供一种战略方法,让你当下就创造出更多时间。

重新找回生活，始于重新找回时间。

什么是时间翻转者

时间翻转者是指有意识地实施项目，使其长期创造的时间多于短期耗费的时间的人。

时间翻转者从目的因（Final Cause）出发，通过项目堆叠、工作同步和专家招募进行运作，为其创造的价值获得相应的报酬。

时间翻转者展示了从事相同工作并且具有同等收入的两个人是怎样在生活中收获明显不同的结果的——一个人几乎没有自由的时间，而另一个人似乎拥有世界上所有的时间。

超越目标、习惯和优势

那么，工作基本相同的两个人是怎样过上如此不同的个人生活的呢？这是因为他们的主观选择不同，主要体现在以下三个方面：

- 优先事项——分清注意力的主次才是取得成效的关键，而不是靠管理时间。
- 实践——从分心转向行动。
- 收入——不要把梦想变成工作。梦想的工作是让你获得自由。

要翻转时间，你需要从价值中心出发，根据目的因，即你的元目标（meta-goal）做出决策。然后，反时间管理方法会引导你完成以下步骤：考虑你想成为怎样的人，学会如何为重要事项腾出时间，改变收入模式以维持时间翻转的生活方式。

《反时间管理》中的原则教你如何发掘机会，从而以微小的行动取得丰硕的成果，使工作产生"不对称"。我将这些微小的行动称为"不对称变化"。

类似棱镜原理，你将学会如何将光聚焦在生活和工作的一面，从而在另一面获得成倍放大的回报。此方法通过项目堆叠、工作同步和专家招募得以实施。这三个原则告诉你如何通过创建自己的生态系统来放大时间，通过简化工作流程的结构和安排，创造出更多可用时间来实现你的抱负，就从今天开始。

有史以来，工作都被限定在我们居住的地方，被限定在我们本可以进行个人追求或活动（比如家庭时光、旅行和爱好）的时候。在过去更传统的工作中，我们需要打卡，需要在特定的时间和地点工作。但是如今，我们什么时候工作、在哪里工作的灵活性要远远大于从前。

你获得收入的方式（而不是多少），是约束和调整你的时间的关键——无论好坏。

例如，两个人必须产出完全相同的结果来获得报酬，但他们的工作要求却完全不同。比如说，一个人可能需要在办公室伏案工作，朝九晚五；而另一个人工作比较灵活，可以在世界上任何地方用一部手机完成任务。

作为一名员工，改变你获得收入的方式，可能意味着重新考虑何时、何地、以何种方式取得成果，或者换一份新工作，或者重新安排下班后的时光。

获得收入的方式决定了你的生活质量。它决定了你是否可以充分享受你的闲暇时光。如果你有孩子，你的工作方式就决定了你是否有机会辅导他们的学习、参加他们的活动或者晚上哄他们睡觉。

说实话，你工作的真正意义是什么呢？

你是为了什么而工作呢？一份不错的工作往往包含经济激励、成就感和认同感。但是如果不是迫于生计，大多数人并不是为了工作而工作，而是出于其他目的。那么，你是为了什么而工作呢？如果可以从事一份不断帮你达到这种"其他目的"的工作呢？

如果最终，你打算以后做的事情从一开始就可以做到呢？

珍惜时间，你的生活就会符合你的价值观。

时间翻转者在战略上优先考虑价值观。他们懂得，财富是相对的，重要的是如何规划工作方式和收入来源，使其服务于他们的目的。

可持续的时间翻转意味着，你会在一生中不断地从你的努力中获益。

创建项目来创造（而不是耗费）时间：战略性解决方案

如果你的目标是获得更多时间，为什么不开启一个过程（或开启一个项目）来创造时间（而不是耗费时间）？

创造更多时间并不是一个缥缈的未来主义梦想，而是一件任何人从一开始都可以做到，甚至可以操控的事情。我亲身经历过也见证过。你也可以做到。当你以不同的方式来思考你要解决的问题，同时思考创造时间，你也可以拥有更多时间。时间翻转将告诉你如何将精力集中在优先事项上，然后将其付诸行动。

反时间管理原则适用于任何层面的工作、合作或个人项目。

我简单列举几个跟我合作过的时间翻转者的实例，他们便是利用这个方法改变了生活：

- 一名建筑工人不想再挥锤子了,因为他的妻子得了多发性硬化症(MS)。如今,他带着妻子(她仍然跟 MS 作斗争)和孩子一起环游世界,指导承包商如何雇用和培养技工,他现在的收入是以前的五倍。
- 一名摄像师围绕她的价值观开拓了一项新的业务——销售相关实体产品。现在,她已经赚了几百万,有了更多属于自己的时间。她开始环游世界,亲自抚养孩子,一家人其乐融融。
- 在一家正处在发展中的公司工作的高管,觉得公司中的大小事务都需要他亲力亲为,这耗尽了他的时间,损害了他的健康,同时令他的家庭关系变得紧张。后来,他学会了如何挖掘自由职业人才,现在他可以招揽这些人才为其所用,而在此之前他甚至不知道这些人的存在。在此基础上,他扩大了公司的全球业务,同时也找回了自己的时间、健康和私人生活。
- 一位播客梦想着能发明和销售实体产品,但是不知道从哪里下手。他跟我合作,一起打磨创意,跟我的公司合作进行生产制造,并且通过预售众筹资金的方式来资助产品发行。如今,他的产品销往世界各地,而运营和发货都是外包的,没有消耗他的时间,他轻松赚取了几百万美元。
- 一名拥有多家诊所的牙医,却没有时间过自己理想的个人生活。现在,他利用虚拟咨询来释放他的时间,有了去世界各地旅行的机会,同时也教其他牙医如何重拾他们的个人生活。
- 一名职员改变了她的工作重点,从而增加了弹性时间、工作效率和赚钱机会,而且没有耽误任何一件事。

这些时间翻转者，以及许多像他们一样的人，重新塑造了他们的职业，使他们的日常生活变成一个特殊的契机，而事实的确如此！

虽然这只是一些个别例子，但是这些时间翻转者也代表了来自不同背景的其他人，他们也对自己的工作做了小小的改变，从而在生活中收获颇丰。虽然每个人的情况千差万别，但是向这些在各自领域中已经取得成果的人学习，可能会给你带来灵感，使你在自己的领域中也能取得成功。不要小瞧这个机会，即使你暂时还看不出能从中得到什么启发。

成长和悲伤一样，是一条长长的隧道，而不是一个洞穴。

如今这个全球互联的时代也许就是一个最好的机会，它使你能够按照自己的方式，有策略地安排工作和生活。

时间翻转者创造了巨大的价值，释放了大量的时间，因此他们可以将这些时间投入许多事情中，或者将更多的时间花在自己最想做的事情上。

拥有时间，就拥有了生活

你不一定非要等到拥有了足够的金钱才能重新找回时间和选择权。在结婚头几年，我和娜塔莉靠回收易拉罐维持生计。我们选择暂时放弃买沙发的念头，因为买了沙发，我们便买不起下次旅行的机票，与其因为旅行搁置而心有不甘，我们宁愿选择坐在地板上，暂时委屈一下我们的屁股。

无论我做洗盘子的工作，还是晚上做兼职保管员负责倒垃圾，而娜塔莉同时也在拍摄照片补贴家用，我们都尽力以我们最重要的事情为中心，而不管收入如何。

我是一名企业家，因为我的生活经历，我一生的工作都围绕着创立事业并帮助其他企业家，让他们在时间和金钱允许的情况下创立能产生回报的事业。我曾有幸与世界500强公司合作，利用时间翻转、创造力和改革来实现"疯狂的"结果，帮助他们将个人化的系统打造得更加人性化，提高生产效率，促进公司蓬勃发展。我成立了一些公司，帮助人们简化流程，使人们重获自主权，在生活中获得额外的成长空间。

无论是在产品上还是在服务上，我工作的重心始终围绕着创造自主权和自由时间，并帮助他人做到同样的事情。所以，我写了这本书。当我试着向陌生人解释建造小房子或大量生产瑜伽裤对我来说是一回事时，他们都会露出难以言说的表情。当你的目标是在不牺牲经济收入的前提下创造可用时间时，你的工作方式自然会不一样。

例如，时间翻转为我的家庭提供了自由，帮助我和家人更好地践行我们的价值观。我们曾经进行了长达六个月的"旅行教育"，从大西洋沿岸的纽约到太平洋沿岸的圣迭戈，从墨西哥边境到加拿大边境，没有计划晚上住在哪里或停留多久。我们也曾在欧洲进行了为期几个月的旅行。如果你发现我们在尼加拉瓜宣扬人道主义，在日本大阪唱卡拉OK，在意大利五渔村的一间彩色小屋外晾晒衣服，在中国爬万里长城，在圣托里尼岛钓鱼，或在苏格兰寻找哈利·波特的足迹，那一点也不稀奇。只要我们愿意，我们的"假期"可以一次长达数月。

这些旅行的费用都是我们在旅途中赚的。我们本该在家里赚的钱，却在旅途中赚到并花掉了。虽然你不一定非要这样做，但是只要你愿意，你也可以做到。

时间翻转帮助你围绕梦想安排生活，而不是无休止地朝着遥不可及的梦想疲于奔命，它帮助你获得收入，支撑你的理想生活方式。如果你可以在任何地方赚到钱，你会选择哪里呢？

问题是，即使有钱人也很难说走就走。在选择约束自己的事情时，有多少自由时间是影响选择的因素之一。

例如，我的公司涵盖了实体产品、数字产品和礼宾级服务。虽然涉猎的是传统行业，但我却以非传统的方式来经营它们，旨在创造一种时间自由的文化和环境。我的项目多种多样，从打造数百种特色产品的全球创业方案PROUDUCT，通过全方位的采购服务、产品策略和端对端的供应链帮助企业实现从创意到市场的跨越，到为创作者提供国际视频编辑服务，再到高管培训、咨询、在线课程、演讲、混合式学习、模块化教育项目（自主学习课程、策划大师、播客、写作、主题演讲、面试、阅读、指导、大学讲座），等等。无论身处何地，我都可以通过手机完成工作，而且丝毫不耽误我和家人一起旅行——这是我选择让自己保持行动的积极强化约束。

我自己就是使用本书中的方法来翻转时间的。

虽然我的行动方式与你的不同——世界上没有完全相同的两片树叶，也没有完全复制的人生，但我们热爱分享经验与教训，然后并肩前行。希望你们也愿意与我，与周围的人分享你觉得行之有效的方法。

你可以同时选择意义和金钱。

当遍访全球去参观工厂时（这些工厂的产品可能此时就摆在你家里），我看到了产品创造中的人性化和远距离办公中的非人性化，看到了人们在对雇主负责的同时也能够掌控自己的生活。

高效的方法千千万，但只有一种方法适合你。
照顾好自己，关注自己的优先事项是你个人的事情。
所以，成为这方面的专家吧。

从分心到行动

要落实本书的方法,你必须知道以下四点:

1. 这是你的书,关乎你的时间、生活和决定,让你以自己的节奏创造更多的空间。
2. 将本书作为一个工具箱,针对不同的情况取出合适的工具。
3. 这不是一本时间管理方面的书籍,理由你很快就会知道。
4. 立即运用本书提供的方法,将对你的时间产生复利效应,超预期地为更多可能性创造空间。

在教授时间翻转方法时,我一直希望,人们将重新得到的自由时间用于跟喜欢的人做喜欢的事。有时候,他们会这样做。但是我发现,有时候,他们会用更多的工作来填补这段重新得到的自由时间。不管怎么说,你觉得值得就好。

反时间管理的准则是,
在完成喜欢的工作的同时,仍然有时间做更喜欢的事。

自由就是,想工作的时候就工作,如果你愿意的话(不是被迫),也可以一直工作。当你将时间花在想做和热爱的事情上的时候,谁能分得清哪个是工作,哪个是爱好呢?

时间翻转框架的设计初衷是帮助你更好地做出决定,使行动与目标更加一致,以创造自主权,并从一开始就设定好这样的环境。你将学会像时间翻转企业家一样思考,在时间上具有创造力和创新力,克服时间干扰,并创造时间对话和时间行动,在工作和个人目标上激发出新的创意。

《反时间管理》将帮助你做到以下几点：

- 学会如何做好现在的工作，创造理想的未来，无须沦为命运的受害者。
- 通过创造空间去支持创造力，以弥补差距并创造收益，最终提升你的领导力和问题解决能力。
- 让你打破陈规旧习，更具创造力和创新力。
- 对个人生活、家庭生活和工作赋予意义，同时对他人产生积极深远的影响。
- 摆脱自我毁灭模式，创建自我建设模式，按照自己期望的姿态重塑工作和生活。
- 改变思考、处理和分享重要问题信息的方式，有效取得预期效果。
- 重获时间，提升自己，提高生活质量，服务他人，回报社会。

从分心到行动是一种可习得的技能，将帮助你改变思维方式。

反时间管理

导　论

为什么选择反时间管理

时间管理是一个诱人的承诺。

听上去，你可以通过应用时间管理的原则而拥有更多时间。然而，事实正好相反。

为什么你的时间越管理越少

"管理"一词在词典里的字面意思是"控制"。相应地，时间管理就是时间控制。但是，谁的时间被控制？被谁控制？什么时候被控制？对时间翻转者来说，这些问题很重要。时间管理并不意味着你能控制自己的时间，它通常意味着你的时间被别人控制。

时间管理意味着，你失去了对时间的控制权。

让我说得明白一些。

时间管理和控制自己的时间毫无关系。

就是这样。

工业界特意设计了时间管理，以便在工作中，管理者可以控制你和你的时间，包括你做什么、在哪里做和什么时候做。

这就是仓鼠滚轮般的工作模式。

事实上，你的休假时间、工作时长、休息时间、何时退休（或不退休），以及你的工作地点和时间（包括在家办公）都是经过了精心计算的时间管理因素（并且往往受职称、岗位、奖金、月度最佳员工等奖励的影响而被强化）。

时间管理虽然口碑不错，但它并没有兑现承诺。

现在，人们可能会利用专业的时间管理工具来管理自己的时间，但最终的结果是，工作越来越多，而可用时间却越来越少，这是不是有点匪夷所思？

其实，你的待办任务清单无须与应完成的任务完全一致。

在传统的时间管理模式下，个人生产力对工作生产力是不利的。

这意味着，在时间管理模式下，你创造的可用时间越多，你需要做的工作也越多！最重要的是，时间管理者通过设计来确保这种状态一直保持下去，最终适得其反，阻碍了高效率生产。

因此，时间管理存在这样一个悖论：完成的工作越多，就会有更多工作交给你完成。

传统的生产力管理给工人们分摊了更多的工作，却没有支付额外的报酬。工作中的超额生产能力在管理层和工人之间形成了一种效率试探。管理层会试探员工在工资多低的情况下依然能完成工作；而员工则会试探管理层，自己能将工作拖延多久才会被解雇。

在这种情况下，一个小时就能高效完成的工作，可能被分割成几个小的部分，分散安排到一整天、一周、一个月，甚至一年来完成，而其中的每个步骤都需要更多的管理者来监督。

而效率指标仍然可以显示生产力的提高，即便根本没有生产量可言。

反时间管理的处理方式则不同。

生产力（效率）和生产量（价值转换）不一定是一回事。如果你不再把精力浪费在无关紧要的事情上，可怕的效率试探就不存在。你可以自己完成工作，也可以把工作交由别人完成。

传统的时间管理服务于其过去的设计目的。

当美德变成陋习之后就不再是美德。

时间管理已经不合时宜了。

> 在争取自主权和有意义的工作之路上，
> 时间管理成了一块绊脚石，
> 因为它的设计意不在此。

所有的管理都是时间管理

制造业的行业用语"时间管理"是如何溜进自我提升主流术语中的呢？这至今仍是一个谜。当然，除非业界早就意识到，如果员工能更好地管理周末的时间，以增加工作周的产出，他们就会更有效率。

反时间管理帮助你重新找回时间，使你在如何对待生活的问题上有更多的选择（和责任）。

时间管理	反时间管理
他人控制你的时间	你控制自己的时间

你做出的选择比任何一个人或系统更能控制你的时间。

> 你的选择最终会成倍地
> 增加或分割掉你的可用时间。

请注意，为了自己拥有时间而对别人负责任，这并没有什么问题。携手合作是取得丰硕成果的关键。同雇主、客户或委托人进行可靠合作，可以并且应该会带给你巨大的成就和快乐。为了获得更大的自主权，你在工作和家庭生活中做决定时，关键要记住你同意做的每件事情都是一种选择，其后果亦如此，毕竟计划之外的后果令人手足无措。

当结果也被视为一种选择时，你就会有更强大的心智，用不同的选择改变你的现状，甚至未雨绸缪。

把你花在工作上的时间作为一种选择，而不是结果。

不要扮演工作上的受害者。

努力工作是一种快乐。

快乐工作的同时，也不要忘了自己的追求。

正如我的导师史蒂芬·柯维（Stephen Covey）[1]所说："当我们拿起棍子的一端，我们同时也拿起了它的另一端。毫无疑问，在我们每个人的一生中总有一些时候，我们后知后觉地拿起了错误的棍子。"当你做出选择时，你同时也选择了它的后果。

你在做出决定之前，就应该考虑到你的选择所带来的时间上的后果。实际上，在反时间管理中，你会主动做出决定，积极释放现在和将来的时间。

时间管理	反时间管理
他人控制你的时间	你控制自己的时间
他人占用你的时间	你创造自己的时间

时间管理占用空间。反时间管理创造空间。

想象一下你的日程表。

在传统的时间管理中，你的日程表看上去每天的每个小时都被精心计划好了，你看上去充实又忙碌，挤不出一丝时间来做别的事情，丝毫没有时间释放天性、发挥创造力，甚至应对天大的危机，除非它在你的计划之中。

而反时间管理看上去像一个开放式日程表，因为一切都在掌控之中。

令人感到讽刺的是，在时间管理模式下，在每一天结束时，你可能会听到自己熟悉的哀嚎："我忙了一整天，却觉得什么都没完成。"

然而，在反时间管理模式下，你可能会感到自己的效率高得出奇，这一天过得非常轻松，你甚至愉快地发现，自己还有很多可用时间。你可能会说："我觉得自己太懒了。"尽管你已经完成了一天的头等大事，但仍然还有放松自己的时间。

当然，如果你喜欢安排日程，反时间管理日程表也可以让你充实地度过理想的一天，你会喜欢用想做的事情去填满日程表的每一分每一秒。

时间管理	反时间管理
他人控制你的时间	你控制自己的时间
他人占用你的时间	你创造自己的时间
他人占用你的空间	你创造自己的空间

有时候，没有什么比一个空空的日程表更珍贵。有时候，重要的不是填满日程表，而是让它空着。通常，一份满满的日程表代表着一个空虚的生活。

总之，反时间管理就是让你拥有选择权。

时间管理	反时间管理
他人控制你的时间	你控制自己的时间
他人占用你的时间	你创造自己的时间
他人占用你的空间	你创造自己的空间
他人夺走你的选择权	你拥有自己的选择权

为选择而战是一个古老的传统。

选择自由就意味着时间自由。难道不是一直如此吗？自由在很大程度上不就是选择如何支配时间并防止别人从你手里夺走时间的能力吗？

如何支配时间比拥有多少时间更重要。

重新获得时间，彻底改变结果

学习和应用时间翻转非常简单，小小的改变就能带来极大的不同。如果你想赚钱，就卖东西；如果你想去度假，就动身启程；如果你酷爱艺术，就投身进去。这才是负责任的做法。

如何做到这些呢？

时间翻转将告诉你如何降低风险，停止等待，开始行动。与无休止地朝着目标前进却从未真正实现目标的人不同，时间翻转者围绕自己的目标建立可靠的流程，并学习将梦想融入他们的日常生活。我们可以学习、分享和实践时间翻转，充分利用时间，并创造空间，轻松改变想法或行为方式。

本书的目的是，让人们提高对时间管理的警惕，明智地掌握时机，适应变化，为未来百年提供切实可行的工作和生活原则。

时间翻转为领导者、管理者、企业家和自由职业者提供了一种有意义且富有成效的新的工作方式。但此书并不仅仅为他们而写。时间翻转也适用于那些通过远程工作来获得劳动力、盈利和增长策略的公司。

也许你会认为，企业并不希望本书倡导的反时间管理被公开。事实恰好相反，采用反时间管理，反而会帮助企业吸引具有领导力的人才，留住那些有目标、了解数据并能取得预期结果的创造性人才——无论他们来自哪里或住在哪里。

时间翻转面向全天候工作的新一代工作群体，他们处在不受地理限制的工作环境中。时间翻转还面向渴望拥有更多共处时间的家庭，以及努力实现远大理想的每一个人。

时间也许是人类历史上
被管理、控制、激励和游戏化程度最高的资源。

商业活动大致上就是一种社会试验，验证如何改变管理时间的方式，以增加预期成果，创造价值。但是如今，我们已经可以不用再靠猜测，因为结果非常精确，特别是在网络上。有一个词专门描述这种现象：游戏化（gamification），而这未必是一件坏事。

身处游戏中是一回事，对周围正在上演的游戏浑然不觉又是另一回事。别人可以把你的时间游戏化，同样，你也可以把自己的时间游戏化。时间翻转可以确定你的内在动机，然后帮助你获得外在奖励。

许多人并没有你所拥有的机会。
你的创意、项目、工作和时间可以对他人产生深远的影响，
为他人创造突破性的契机。

你将如何分清注意力的主次？

遥控时代

假如人类可以长生不死。

想象一下，发明了轮子的穴居人因为孩子们骑自行车而批评他

们懒惰、安于享乐。

想象一下，生火做饭的穴居人因为孩子们用上了烤箱而指责他们懒惰。

再想象一下，有个孩子被父亲要求离开沙发，去转动电视机的旋钮切换频道。

然后想象一下，这个孩子长大了，自己也成为一位父亲。

现在再想象一下，这位父亲手里拿着电视机遥控器。

他也要求他的儿子从沙发上起来去切换电视频道。

他的儿子说："可是爸爸，遥控器就在你手里，你可以自己按按钮调台呀。"

父亲看着儿子，他没有说"谢谢"然后自己调台，反而对孩子顶嘴感到不悦。他把遥控器放下，对孩子教训一番，灌输给他努力工作的价值观，骂骂咧咧地吼他起来去转动电视机旋钮。

对这个儿子来说，唯一的难题就是……现在的电视机上根本就没有旋转按钮。

现在的电视机已经是遥控的了。

这就是当今工作中存在的对抗——那些"遥控器"在手却不愿意学习如何使用的人，却指责同一项目中使用新科技的人懒惰。

如果能长生不死，在目睹了全球科技的变化时，我们是否愿意改变我们的身份、想法和处事方式？

无论你是否改变思维和工作方式，你周围的世界都在发生着变化。新时代既带来了你一直想要的机会，也带来了你意料之外的更好的机会。你可以创造自己的世界。

把你的时间花在梦想上。

我想强调的是：机器可以完成的工作就交给机器。你的工作是完成机器做不到的事情——让人类的工作更人性化。就如同你今天选择把时间用在工作上，而不是用在手洗衣服上（在我待过的一些地方，那里的人们仍然手洗衣服），未来的工作允许你充分利用时间，把时间花在机器做不了的工作上。

这是一个充分利用科技带来的新工具和新规则进行工作的时代。

当全球知识可以即时访问、唾手可得，而你却不知道你需要什么信息时，知识工作［彼得·德鲁克（Peter Drucker）[2]早在1959年提出的术语］又有什么用呢？

当知识像时间一样无处不在时，个人如何利用知识的责任就变得很重大。

现在，获取知识的便利性是前所未有的。历史上也曾发生过类似的事情，随着印刷术的发明，权力从顶层瓦解。这是一件好事。它象征着公开透明、信任、自由和独立的到来。但是，你得先识字。

自动化并不会自动赋予你自主权。

只有当你关注时间的意义，而不是挥霍时间的时候，这世上所有的时间对你来说才有意义。

停止管理时间，开始创造意义。

远逝的过去和遥远的将来就像铙钹一样有节奏地碰撞，使当下的意义保持着节拍，不走调。

此时便是最好的时机。

你生来就是要把过去和将来的节奏打乱。

时间的天平试图朝着对你有利的一方倾斜。

好戏就要登场。

问自己下列 6 个基本问题

为了帮助你更好地运用时间翻转，我直接将嗜酒者互诚协会（Alcoholics Anonymous）的问题进行了调整。[3]

使用说明：请选择"是"或"否"

1. 你是否曾经下定决心要更好地管理或平衡你的时间，但是没有坚持下来？

是 / 否

2. 你是否羡慕那些可以更自由地支配时间的人？

是 / 否

3. 你的时间管理能力（或缺乏此能力）是否给家庭生活造成了不便？

是 / 否

4. 你是否曾告诉自己，尽管你一直在工作，甚至违背了自己的意愿，但是只要你愿意，你就可以随时停止工作？

是 / 否

5. 你是否曾经把一个习惯或计划换成另一个习惯或计划，希望借此提高效率或使自己更成功？

是 / 否

6. 你是否感到忙了一整天，结果什么都没完成？

是 / 否

如果上述任何一个问题你选择了"是"……

并不是只有你一个人这样。

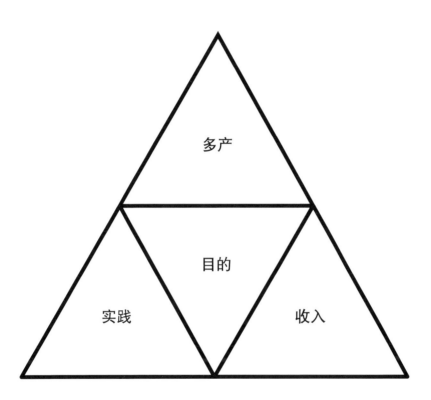

第一部分

目的

停止管理时间,开始分清注意力的主次

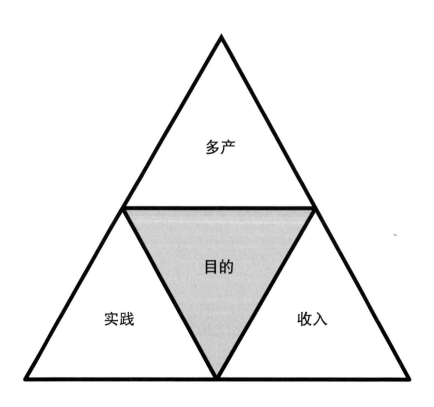

停止管理时间,开始分清注意力的主次

将目的因

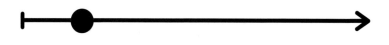

作为你的首要目的

第一章

将目的因作为你的首要目的

如何选择做什么，什么时候做

至关重要的是，我们要怀有一颗谦卑之心，明白要先改变自己，然后才能改变世界，时刻保持创新。[1]

——惠特尼·约翰逊（Whitney Johnson）

在大部分青春岁月里，西拉（Sirah）[2]都流落街头，无家可归。她加入帮派，吸毒成瘾，遭受虐待。她告诉我："我同一个巫医一起长大，我们有时候会处死一只动物，为它做完祈祷后吃上一个月。我学到了一些不错的本领，但是也有很多不幸降临到了我的头上。我多次遭到性虐待，大部分时间都被忽视。"在成长过程中，她经历过被绑架、性侵、遗弃，次数多到她自己都记不清楚。

时间和环境从来都不是她的朋友。

她说："我小学四年级就辍学了，我不得不卖掉任天堂游戏机，拿到足够的钱让父亲注射海洛因。很长一段时间里，我都是一个人生活。"她的父亲在她小时候死于毒品吸食过量。

她告诉我，前几天她翻阅了她在学校的成绩单。她的小学老师在成绩单上写道：

- "西拉不知道如何与其他同学相处。"
- "西拉看起来好像没有人照顾。"
- "西拉因此被欺负。"

西拉的生活一度失控，直到有一天，她做了一件事，改变了她的命运。

倾听内心的声音

"我在17岁时醒悟过来。有个声音一直在我脑海中徘徊，我曾一度以为我精神分裂了。这个声音告诉我：'你不能再这样继续下去了。这不是你的生活。你还有选择。你应该成为说唱歌手。'于是我打电话给家人，告诉他们：'嗨，各位，我确定我精神分裂了，但是我决定听从这个声音。'"

"我清醒了。我戒掉了一切，去追随这个声音。"

所以，西拉去了一个名为 Project Blowed 的开放麦说唱场地，这个表演场地位于洛杉矶中南部。她每周四都会去。刚开始时，她只是在台下看别人表演。到后来她开始上台说唱，但是唱得很糟糕。

西拉下定决心，要成为她想成为的人，尽管她对说唱一无所知，但她还是出现在了能让她成为说唱歌手的地方，虽然每周四她都会被嘘声轰下台。

西拉对我解释道：

"在那个舞台上，我是唯一的女孩，也是唯一的白人。我看起来像是疯了。坦白讲，回想起来，我那时候确实有点疯。我每周都即兴说唱，但一直被嘘下台，因为我的表现太糟糕了。我的意思是说，我唱得太烂了，却还一直坚持。当时有个叫 Freestyle

Fellowship 的说唱组合,我非常喜欢他们,因为他们实实在在地改变了我的整个人生。他们对我说:'你疯了吗?你只是个小丫头,而且是白人,为什么要一直上台呢?你唱得烂透了。'我总是这样回答:'因为这才是我应该做的。'出于保护自己的耳朵,他们过来跟我说:'好吧,我们教你说唱吧,不想再被你糟糕的说唱折磨了,还一直被嘘下台,太丢脸了。'从此,他们开始教我说唱的技巧。"

他们说到做到,同时还教会她一些生活技能,而在此之前,从来没有人教过她这些。

一天晚上,西拉受邀参加一个派对,在那里她遇到了一个人,说可以帮助她登上舞台。于是,她得到了第一次正式登台的机会。

西拉说:"那次之后,一场场演出接踵而来,后来是巡回演出,再后来一个叫桑尼(Sonny)的人给我发信息,说想跟我合作……当我们见面后,他收留了我,因为我那时无家可归。我们开始用一台破旧的笔记本电脑录音。那些歌后来成为史奇雷克斯(Skrillex,桑尼的艺名)的第一首歌《周末》(Weekends)。我们还录了《混乱》(Bangarang)、《京都》(Kyoto)等歌曲。我们所有人都住在一个阁楼上,一群男孩一起做音乐。"西拉和史奇雷克斯凭借《混乱》获得了格莱美奖。[3]

这就是西拉如何从无家可归到赢得格莱美奖的经过。

当西拉得奖时,她说:"朋友们,这可是格莱美奖。这简直太不可思议了。我太激动了。刚开始做音乐的时候,我们挤在市中心的一个阁楼里。后来,我搬到洛杉矶东部的一个车库里,天花板上还有个破洞。所以,这个结果已经远远超出了我最疯狂的梦想,我这会儿甚至还不敢相信这是真的。但是我非常感激,音乐让我找到了存在的价值,而我注定是为创作音乐而生的。所以,非常感谢。感谢我的家人。爸爸,这个奖也是您的。谢谢大家!"

在西拉的成长过程中，并没有人教她如何改变行为、设定目标或在舞台上表演。当她流落街头的时候，没有人会教她音乐。她不知道应该找经纪人。她连吃饭或住宿的钱都没有，更不用说宣传自己的表演。她从来没有足够的钱去完成这一切。她更不能指望目标会在明年的音乐夏令营结束时实现。她没有十年计划——世事难料，说不准十年后她已经不在人世了呢。要么现在就去做，要么永远没有机会去做。

选择回应，选择未来

西拉的经历告诉我们很多有关生命与时间、奋斗与成功、性格与勇气的真谛。

西拉告诉我：

- "我可以选择我的过去意味着什么。"
- "我可以选择我的过去对于创造我的未来意味着什么。"
- "我可以选择如何回应。"
- "我的回应在周围形成能量。"
- "……这塑造了我真正应该成为的人。"

她接着说：

"过去六个月，我被抢劫过很多次。上周我的车又被偷了……但是，你知道在我的成长过程中发生了什么，那并不是我选择的。那只是发生在我身上的事。

最酷的事情是，我可以选择如何理解发生在我身上的事。在很长一段时间里我都是生活的受害者，但是我意识到最有力量的事情是我可以选择我的过去意味着什么。我可以选择我的过去对于创造我的未来意味着什么。在整个过程中，我能做出的唯一选择就是：好吧，你已经遭受过非人的虐待，被控制，在某些方面遭受到心理折磨。

你要么接受命运的摆布，要么走出来，做命运的强者。你可以成为开创者，你可以成为思想领袖，你也可以成为一个有远见的人。是的，你可以成为任何人，一切都是我们的选择。因此，我们可能对已经发生的事情无能为力，但是我们却可以选择如何回应，你的回应在周围形成能量。我发现我对一件事情的回应在这件事周围创造了能量，而这正在铺就道路，通往我真正应该去的地方。"

你的回应——你的能量，由你掌控。

你的时间也一样。

翻转时间的天平

最终完成你想做的事情，成为你想要成为的样子，并帮助别人也做到这样，这种满心欢喜是无与伦比的。就像能量对周围的影响一样，你对外界的反应也能创造或耗费你的时间，这决定了你在哪儿，你是谁，你想成为谁。

你可以围绕身份和时间，以及能量和行动，以两种不同的方式，有效地改变或坚定你的人生方向：

1. 确定你想成为谁。
2. 从这个身份出发立即行动。

身份和时间：西拉下定决心现在就要成为一名说唱歌手。

能量和行动：西拉在第一时间立即表现出她的新身份。

结合以下两种表达方式，思考一下在实现目标、成为下一个最好的自己、实现理想的生活方式时所发生的时间轴变化：

1. 我想成为艺术家。
2. 我是艺术家。

第一句话把目标放在一个未知时间轴的末端。第二句话把目标果断地放在所有事情的中心——消除了目标，使人生的选择成为当下的延伸。"我想成为谁"与"我是谁"是两种完全不同的人生姿态，造就了两种截然不同的人生。

"我想"或"我是"是一种选择，而不是终点。

西拉一开始并不是一名成功的歌手，但是她勇敢地登上了舞台——在传统意义的表演中，这通常是最后一步。开始行动起来，成为她没有准备好成为的人，这改变了她的心态，改变了她的行为，改变了她的环境，也改变了她支配时间的方式。在这种新的状态下，她将自己置于一个具有适应能力的生态系统中心，再加上良师益友和其他资源的帮助，就形成了一个创造最大机会的摇篮。

当西拉将她的思维转向"我是"的时候，通往成功的阶梯就这样直接消失了，而这些阶梯原本需要几年的时间来攀登。

当然，要实现她的梦想，还有一种截然不同的方式，这种方式可能更像是无尽的希冀，就像对着结构良好、闪闪发光的球门许愿，但你永远无法对准球门——看似充满了希望，却又在绝望中无尽地等待。

传统的目标设定对西拉来说是一种阻碍。然而，她通过身份认同的方式，做到了从分心到行动，最后做到全力以赴——任何一个设定了目标却仍然没能实现的人也应该这样做。

通过亚里士多德提出的目的因[4]，即完成一件事情的目的，西拉在自己的时间和生活上获得了掌控权。

如今，西拉帮助无家可归的孩子摆脱悲惨的遭遇，引导名人戒掉毒瘾，帮助治愈人们的心灵和精神创伤，并且创办合作社区、环境和活动来服务社会，当然，她也在继续创作音乐。

对西拉来说，这一切都源于音乐。

学习亚里士多德的四因说

这个世界被那些还没有准备好的人所改变。

事实证明，一些成功故事里的主角在成功之前，从来都不会照搬别人的步骤，也没有走过别人的老路。我们学到的关于成功的步骤，大多来自那些从未实践过这些步骤的人。

亚里士多德提出了四因说（Four Causes），来回答自然界中事物为什么会存在的问题。

亚里士多德的四因说包括质料因（Matter）、形式因（Form）、动力因（Agent）和目的因（Final）。学者们用来描述四因说的一个典型例子是描述一张餐桌：

1. 用木头制成（质料因，Material Cause）。
2. 有一个桌面和四条腿（形式因，Formal Cause）。
3. 由木匠制造（动力因，Agent Cause）。
4. 制造的目的是方便人们一起就餐（目的因，Final Cause）。

时间翻转者从目的因出发，使目标时间发挥最大作用。

将目的因作为唯一目的

对时间翻转者而言：

桌子不是重点——晚餐才是。
晚餐不是重点——用餐体验才是。
用餐体验不是重点——就餐者才是。
……

打个比方，有人一辈子都在做桌子，但其实他们只需要点外卖就好。

那么，晚餐的真正目的是什么？

如果是一顿特别的晚餐，是为谁、为了什么目的而准备的，我们需要什么样的用餐体验，以及如何拉近我们的关系？

我们是否真的需要用晚餐来创造目标之外的目标——目的因？

花费在餐桌和晚餐上的这些时间和金钱是否可以花费在别的地方，通过更好地活在当下创造一个更美好的未来？

或者，也许你想要一张可以代代相传的餐桌，它可以经受住时间的考验，成为几代人的传家宝，那就另说了。

亚里士多德的四因说可以帮助你了解自己目前的生活轨迹，以及如何改变它以取得更好的成果，前提是你愿意这样做。

在自然界中，目的因可以帮助你理解一棵橡树是如何从一粒橡子长成参天大树的。而在时间创造、你的职业、创业、自我提升和幸福方面，目的因决定了你做每件事情的方式，前提是你真的需要以不同的方式去做。

所以，晚餐怎么办？

下次饿了的时候，忘掉餐桌。饱餐一顿的方式多种多样，可选择的就餐地点数不胜数。除非餐桌本身是你的目标。想一想晚餐的真正目的是什么，去实现这个真正目的。

转变不像交易这么简单。

要进行时间翻转，你必须决定是用目的因来引导你的生活，还是继续走别人的老路，他们可从来没有过着你理想中的生活。

你工作的真正目的是什么

目的因超越了你的各种目标，它是你最开始制定这些目标的理由。你肯定不是为了工作而工作，是为了别的理由而工作。

当然，工作肯定是要赚钱的，但是你用赚到的钱来买什么呢？你会把钱花在什么地方？为什么？

你希望所有的工作、奔波、储蓄、投资和行动会把你和你爱的人带向何处？

当你描绘未来最好的自己时，你希望是什么样子的，你的感受如何？

目标之外的目标到底是什么？

你的梦想与目的一致吗？

目的因是原因，是你为什么要做一件事情的兴趣所在，是你对事情结果的期望，是你对未来最美好的想象。

- 目的因不仅仅是目标的目标——它是超越了目标的有效率的生活方法。
- 目的因是成功后的成功。
- 目的因是将时间花在价值观上。

- 目的因是重新检视与目标不一致的承诺。
- 目的因就是最终目的。

目的因思维帮助你将目的整合到你所做的每件事情当中，甚至在你拼好梦想的宏伟蓝图之前。

拼图是一块一块拼好的，不能一蹴而就，梦想也是一样。目的因帮助你确定你的远大理想，而时间翻转帮助你将形状各异却又彼此吻合的拼图拼凑起来。

你的梦想的马赛克拼图是由那些有意义的微小时刻拼凑起来的。

目的因是你对快乐生活的无形表达，是你开始做一件事情与完成这件事之后的成就感所产生的和谐感觉。

你在削铅笔，还是在创作艺术？

对时间翻转者而言，目的因不只是终点——它既是终点，也是起点。

终点影响着起点，所以你可以从一开始就围绕终点的价值观生活。

如果按照时间管理来设定目标途径，从方法而不是终点出发，梦想与目的就会相差甚远。

有目的地生活，你的梦想就会触手可及。

例如，企业家们拥有自主权，但当他们忙于按照不合理的耗时系统而生活时，就失去了自由。没有人是为了做生意而做生意。人们做生意是为了讨生活。工作是为了创造期望的结果。如果你的工作不是在创造梦想，那么你是为了什么而忙？

你的目的是有更多的时间陪伴家人，但是你梦想中的自由还需要 5 年的时间才能实现。而那时，你现在 13 岁的孩子已经年满 18

岁离开家了。所以，你要怎么做，才能在此时此刻就能得到你想要的自由生活呢？

一开始就把梦想和实现梦想的可用时间

融入商业模式中。

怀有过上新生活的想法与为了新生活而行动起来是截然不同的。

试想一下：

- 当我们优先考虑我们的目的，并将我们的价值观融入其中时，远大梦想就成为可能。
- 我们最美好的未来是在不牺牲我们个性的情况下实现的。
- 你有大把的时间认真对待自己，不过总是时机不对。请善待自己。

企业家们没有时间是因为他们把事业建立在了自己努力想要摆脱的传统忙碌模式上。如果他们从一开始就围绕着可用时间建立事业，并将可用时间融入进去，他们将拥有世界上所有的可用时间。

目前大肆宣传的时间管理将你工作的梦想（胡萝卜）挂在时间轴（棍子）的末端，对你来说，这是有风险的，因为你可能永远享用不到你的胡萝卜。追逐胡萝卜的游戏让你一直保持奔跑的状态，但同时也会无情地夺走你的时间和精力。当梦想的胡萝卜被挂在棍子的末端时，你可能会眼睁睁地看着它们腐烂——看似唾手可得，实际上却遥不可及。

时间翻转者则把胡萝卜当作起点。如果你非常喜欢胡萝卜，以至于愿意穷尽一生去追求它，那么，为什么不从一开始就把它烘焙进你所做的一切当中去呢？有人会问："是胡萝卜蛋糕吗？"（是的，为娜塔莉着想，蛋糕必须是无糖、无麸质的，一切皆如她所愿。）

时间管理	时间翻转
棍子和胡萝卜	胡萝卜（蛋糕）

事实上，太多人认为，他们可以牺牲现在的时间以便以后得到更多时间（时间的运作原理不是这样的），结果却发现，他们多年来巩固的制度不允许他们毫发无损地全身而退。这是一个典型的退出战略疏忽。

> 时间灵活性本质上要求，
> 你的功能能力不遭遇瓶颈期。

如果想要更多自主权，为什么不将它编入制度中呢？

将时间自由作为配料加入烘焙流程。

如果烤蛋糕的食谱中含有糖，那么就把糖加入碗中一起搅拌混合，然后一起烘烤。如果你没有加入糖，烤出来的就是无糖蛋糕。

时间翻转者以同样的方式创造自主权——从一开始就融入自主权。

时间翻转者的"食谱"要求在工作开始之前，就把价值观融入当下的生活。否则，你的工作成果中将不会包含你的价值观。

- 如果你想要拥有时间，从一开始就将时间加入烘焙过程。
- 如果你想现在就实现你的目标，而不是等过了 40 年退休以后，那么，现在就将你的价值观融入生活，在过程中见证生活质量的提高。40 年后，你的生活将硕果累累，多姿多彩。

将价值观融入日常生活，听从内心的声音，立即行动。你可以独立开启通往目的的进程。不要想着将优先事项暂且搁置，把它们像胡萝卜一样挂在棍子的末端。

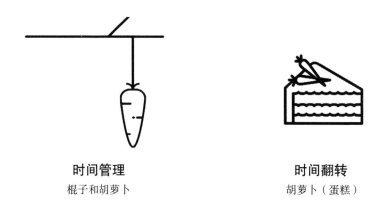

时间管理
棍子和胡萝卜

时间翻转
胡萝卜（蛋糕）

重新找回生活，始于重新找回时间。

人们会牢记并遵守企业价值观，但往往会忘记了自己的价值观。

烘烤时不加糖的蛋糕在出炉后会是甜的，这个想法本身就是荒谬的。同理，幻想以牺牲梦想为代价的生活有一天会给你带来梦想的大丰收，这也是不合逻辑的。

当然，你可以改变你的生活。你可以使生活发生翻转。你也可以结束一件事，开始另一件事。但是，不要自欺欺人地以为你现在所做的事情会为你创造一些它无法创造的东西。

如果你选择暂时牺牲价值观，认为这会提高你的能力，以实现以后的理想，这个想法是不明智的。

我曾花了一天时间，指导那些年薪从 100 万美元到超过 5 000 万美元的百万富翁如何找回自己的生活。我直截了当地告诉他们，不要找任何借口。因为当你固化了工作方式以后，你就无法摆脱了，即使你的职位已经到了顶层。

如果你认为，在学会活在当下之前可以摆脱烦恼，那简直是异想天开。在涉及工作和生活的灵活性方面，你获得收入的方式比你获得多少收入更重要。退出并及时止损是一件好事，但最好是作为一种选择，而不是因为糟糕的工作方式。

现在就遵循你的价值观来生活，将其作为一种选择，强化时间翻转这种有效模式，可以提升自我，继续实现更高的价值观。

现在，你不仅有可能将目的因融入生活，而且这样做还会创造多产的环境和适应性文化，帮你立即，甚至提早成为你想成为的人，完成你想完成的事。

如果你将未来的想法与当下的时间结合，现在就给自己空间去活出这种体验，你就不必将梦想留到以后才实现。

不要储存梦想，否则它会像冰激凌一样融化掉。

今天你合理地利用花在梦想上的时间，以后你会获得更多的时间红利。

作为一个时间翻转者，你一直在投入时间，收集时间。

高阶思维：从目标到元目标，再到目的因

接下来你需要做的是：

目标。选择一个能解决大多数问题的目标。每个目标都会伴随着一系列问题。问问自己，为什么你一开始就选择了这个目标？这个目标的作用是什么？怎样才能以自己喜欢的方式尽早实现这个目标？问一些有意思的问题，为各种不同角度的答案留出空间。

元目标。将眼界放宽至目标之外的绝对需求上，即超越了目标的意义或目的。这个思维过程通过提供实现宏大目标的各种可能性（方法），从而改变了实现更宏大目标所需要的过程。富有创造力的问题解决者会超越他们所拥有和未拥有的工具（目标是实现更大愿

景的工具），利用不同的手段和时间轴另辟蹊径，得到他们想要的结果。

如果你现在的目标是爬山，也许元目标就是站在山巅欣赏美景的感受。将元目标铭记于心，这意味着你可以走任何你想要的路线上山，或者以最愉快的方式直达山顶，例如徒步、攀登、驾车或乘坐直升机。（如果你在马特峰寻求一次休闲之旅，作为一个旁观者，那么我建议你乘坐戈尔内格拉特火车）当然，如果你的目标是爬山本身，那么，即便看到你的旅伴骑着骡子比你更快到达目的地，你也不会有任何抱怨。

目的因。把你的元目标从遥远的时间轴上解救回来，把它直接放在你生活的中心来实现它。以未来为出发点，而不是朝着未来疲于奔命。

这一次，以梦想为中心，而不是把它放在边缘。以目标为中心，而不是朝着目标前进。你可以把梦想从时间轴的末端移到前面来。你不能坐等梦想实现，因为梦想不会主动实现。梦想也不会等你，因为梦想没有耐心。

> 每天少做一些傻事来增加时间和自由，
> 与每天做更多的傻事来提高效率相比，
> 前者绝对要比后者容易得多。

行为一致性可以由未来驱动，由未来领跑，无论好坏。

在成长中寻找快乐。想象一下你朝着一个目标前进而不是从这个目标出发所设定的步骤。对自己说"我将"和对自己说"我是"会立即产生截然不同的决策过程。例如，告诉自己"我要按时跑步"会使你处于过度准备状态。但是，告诉自己"我是一名跑步者"可以让你穿上跑鞋跑起来。告诉自己"等我退休那天我会做某件事"（朝着目标行动），与告诉自己"现在就做某件事，并围绕它建立一份职业来支持我做这件事"（从目标出发），两者将会带来两种完全不同的人生。

现在就遵循你的价值观生活，在自己的周围创造一种与价值观相一致的文化氛围（并顺便帮助别人也融入其中），从你的价值观出发做出决定，而不是朝着它们努力。

将这个例子应用到你的目标上

比如，如果写一本书的目的是获得演讲机会，那么你现在就可以演讲，而无须等待出书。事实上，演讲本身可以提高你的可信度和写作水平。你的目标可以切换或重新排列。利用高阶思维来进行目标切换非常重要，它可以避免不必要的时间和精力浪费。

然而，你未来演讲的目的又是什么呢？是为了销售产品，为了产生影响力，还是为了成为一名演讲者？你可以浓缩你的目标，而不是把它们分散开。

能否将一场演讲记录下来编成一本简短的书，用它来获得市场关注，让观众就演讲的内容提出问题，然后根据这些问题再向他们销售产品？是的，你可以。

不断思考你的目标，以及为了完成工作必须实现的目标。你能消除的步骤（目标）越多，你能避免的失误就越多。

从目的因出发创造了一种不同的运作模式，让你无须等待、推动或穷追那个梦想。

赚钱，而不是追着钱跑。

实践梦想，而不是追逐梦想。

实践 > 追逐

将元目标置于时间的中心，从而使其延伸到生活的方方面面，而不是在岔道上彷徨，不知道面前的道路是否能将你带到理想中的终点。

从精神上来说，在你成为理想的样子之前，你就已经变成这个样子了。就像一粒种子里面已经孕育着一棵树。

目的因就是这粒种子。

利用"生产力 4P"确定目的因

许多领导者、管理者、高管、企业家、父母、教师，甚至时间管理顾问（真是难以置信！）开始执行释放时间的计划，结果却只是打造了一个新的时间监狱。从目的因出发的生活将帮助你逃出时间监狱，进入时间棱镜。当你的待办事项清单变成了时间牢房的铁窗时，哪里还会有什么自主权可言。

在过去 20 年里，我一直在采访许多身家百万甚至上亿美元的高管、拥有百万订阅者和追随者的创作者、知名作家、优秀的父母、优秀的祖父母和曾祖父母、创业家、冒险家、创始人、风险投资家、投资银行家、医生、理疗师、律师，甚至全球顶级顾问、教练、运动员、农场主、领导人、教育家，采访的人越来越多。我总会问及他们关于工作和生活平衡的问题，并将他们的经历记录下来。我深入研究了过去两个世纪的"现代管理"（以及现代管理之外的做法），以了解我们目前对时间管理、生产力、幸福感、遗憾和人类繁荣的认识。

猜猜我有什么发现？相比普通人，最成功的人可能对工作和生活的平衡更无知。这是有理可循的。他们没有找到平衡财富或名望的答案。事实上，许多成功人士对他们过去的生活感到遗憾。

目标、习惯、优势、个性测试、时间管理，等等，更多的是一种达到目的的手段，但只要超越这些手段，直达它们的意义，就是时间翻转的起点。

那些取得成功的人，往往后悔没能把握好个人时间和人际关系。人们往往因为错过了机会而深感遗憾。但是，他们不会因为没能掌握工作和生活的灵活性、敏捷性以及有意义地工作和生活的能力而感到后悔。抓住机会，追求一些有价值的东西，让思维活跃起来，让生活充满活力，让人际关系更亲密。

目标、习惯和优势仅仅是达到目的的手段，不要让手段变成目的。从目的因开始行动，给自己一些超越期望的空间，也给自己喘息的空间。你可能已经陷于待办事项和时间管理的仓鼠轮中太久了，几乎已经想象不到生活的多姿多彩和未来的无限可能，以及这种丰富多彩的生活对你来说意味着什么。

从目的因的变革力量开始。经常有人问我："我应该做什么？"我告诉他们："当你知道自己想成为什么样的人的时候，你就知道该做什么了。"

不要设定传统意义上的目标。相反，要把意义放在手段之前。在找到方法前，先创造一个包含了目标的本质和影响力的环境。意义会告诉你该怎么做。你的头脑就是你应该优先准备好的环境。

你心目中的生活最终肯定会与你想象中的不一样。那又怎样？人生本就是疯狂的。我们先在头脑中创造一切，然后在现实世界中将其建造出来。

战略在脑，战术在手，战果在心。

确定你的目的因

利用生产力 4P 确定生活中的目的因,开始翻转时间:

1. 个人(Personal)
2. 职业(Professional)
3. 人际(People)
4. 娱乐(Play)

我帮助客户解决诸如此类的问题,帮助他们重新调整注意力的主次,以改善方式方法,让他们尽快实现所选择的结果(或实现更好的结果)。这个过程帮助他们把优先事项(目的因)作为生活的中心,而不是使其处于边缘地位。

这项练习也帮助我在职业改变、住房搬迁、财务以及如何如愿与娜塔莉和孩子们共度时光等方面做出了重大决策。每周、每月或每当我想重新定位生活重心时,我都会运用生产力 4P 来帮助我做出决定。

这项练习也会帮助你从分心转向行动,并通过时间翻转模型为你设定与目标相一致的反时间管理方案。我们先整体看一下你要实现的目标和希望在这个世界上展现的理想状态,这样你才能相应地调整你的时间投入。

问自己下列三个有关目的因的问题

问题 1:对你来说,目前一直浮现在脑海中、最想做的、最重要的事情是什么?

问题 2:对你来说,有哪些重要的事情是你想做却一直推迟,想等到以后再做,而只有完成它们,你才会觉得此生无憾的?

问题 3:你想拥有什么样的性格特征,才能让你在未来两三年里成为你想成为的人，从而觉得自己的成长有意义？

将这三个问题应用在生产力 4P 的每个项目上

这些提示可以帮助你充分思考问题，但这项活动不仅仅局限于这些问题。你需要有创造性。多花时间思考一下。让你的重要伙伴（个人伙伴或职业伙伴或两者）也确定他们的生产力 4P。如果你和你的重要伙伴（们）围绕你的目的有着不同的优先事项，那也没关系。毕竟人人生而不同。你的目的是了解对方的愿望，以便相互支持。这样一来，即使志向各异，你们也会相互扶持，步调一致。你们精心为彼此创造目的时间，同时也各自奔赴自己的目的因。

优先考虑你的目的

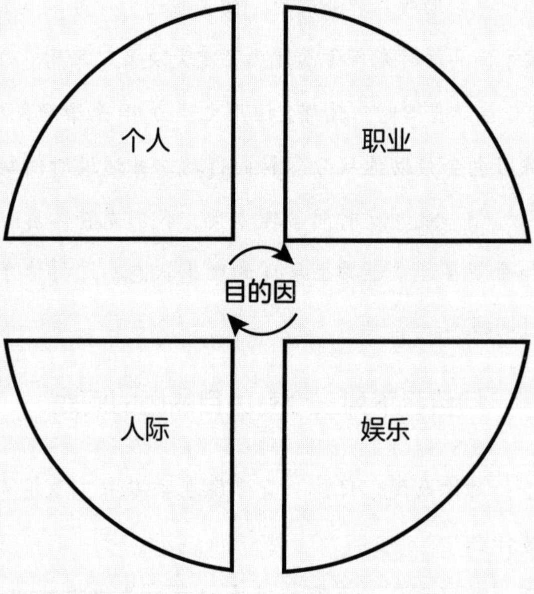

（图示：圆形分为四个象限——个人、职业、人际、娱乐，中心为"目的因"）

1. 个人

个人目的与你个人的优先事项有关。这些优先事项只涉及你一个人，包括你的健康、精神状态，也包括一些你考虑了很久的个人成长目标，任何围绕你个人的事，任何你只想为自己做的事情。它也可能是教育方面的愿望，是任何在个人层面上能提升你的事情。所以，让你萦绕心头念念不忘的事情是什么？

2. 职业

职业目的与你在工作成就方面的优先事项有关，包括你希望得到的晋升或认可，也可以是金钱方面的目标。你希望在目前的工作中赚到多少钱？或者，如果你是（即将成为）一名企业家，你需要月赚多少来维持目前的生活方式？未来两三年内，你在财务方面的愿望是怎样的？在职业方面，你需要实现什么目标才能使工作值得你付出时间，让你有存在感和参与感，并乐于奉献？你想为他人创造什么价值？

3. 人际

人际目的与你优先考量的重要的人有关。如果我正在做这项练习，我会写下家人的名字。我会写下商业合作伙伴或合伙人的名字。我或许也会写下一些我需要弥补的人的名字。无论你想到什么人，无论你们是什么关系，写下他们的名字，然后在每一个名字旁边，写下你想为他做的事，以巩固你们的关系。我会选择在一些他们感兴趣的事情上支持他们，而不是选择在我自己感兴趣的事情上使劲。你对他们的支持可以是一条短信、一次会面、为他们特意留出时间或一次旅行，等等。在我看来，人际优先事项是最重要的，也是最难维持的。因为人际关系是动态的。花点时间为维持人际关系腾出时间。说到底，真正重要的事情不多，而人际关系就是其中之一。

4. 娱乐

娱乐目的与那些愉悦身心的优先事项、活动和贡献有关。许多人做生意是为了释放时间，但是，他们却从未利用这些腾出的时间为自己做任何事情。许多人创业是为了使自己可以腾出时间环游世界、多陪伴家人、服务他人、义工旅行。让我们迈出第一步，让梦想变成现实。写下你的梦想。无论你想做什么，把这些能帮助你享受更美好生活的事情写下来，可以是任何事。娱乐优先事项应该是那些会使你感到快乐或精力充沛的事情。写下那些有助于你的心理健康的事情，也写下那些能服务他人，使他们过上更好的生活的事情。当工作完成后，你会做什么？或者说，工作完成后你最想做的事情是什么？退休后你想做什么？你想现在就做那些事情吗？把它们写下来。有没有一些你特别想去的地方？有什么事情是你一直期待的？全部写下来。

5. 选择其一

回顾一下你在生产力 4P 下所有的人生梦想。你可以同时实现它们吗？现实是，你可能无法同时做到。

- 看一下你的个人清单、职业清单、人际清单与娱乐清单。
- 如果每个清单中只保留一个梦想，你会选择哪一个呢？
- 在每张清单中圈出你要保留的一件事。

现在，你面前有四个优先事项来对应你的四个目的。

恭喜你！

你刚刚做的这件事，世界上大多数人都没有做过。他们脑海中装着所有这些想法，他们心里想着所有想做的事情，但是他们一直告诉自己："我做不到，我做不到，我做不到。"或者手忙脚乱，不知所措。他们无法分清事情的主次。

在短短几分钟内，你已经把你脑海中的所有想法浓缩成目前生活中最重要的四件事。说真的，你应该给自己一个大大的拥抱，为自己热烈鼓掌，或者用别的什么方式来奖励自己。你刚刚做的事情真的了不起。

如果你正确执行了这项练习，你应该已经将所有的希望和梦想写在了一个地方，将它们浓缩成了目的因的四个优先事项。

如果你把精力集中在四个优先事项上，其余的事情也一起顺便完成的机会有多大呢？

现在，四个目的和四个优先事项就像你的"北极星"。每当你在艰难的选择中迷失方向时，问问自己，怎样选择才能帮助你实现优先事项，而不是将它们推得更远，让"北极星"为你指明道路。

读这本书的时候，请记住这四个目的和对应的四个优先事项，以这些目的（目的因）为生活的中心，创建一个具有战略性和战术性的计划。

这样一来，你的职业优先事项将支撑你的个人优先事项，并提供你所需要的空间，为你找回时间，使你重归生活。

当你已经实现了梦想或梦想发生变化时，你可以重复这个练习。如果你决定做一件事，而这件事会导致你离目的因的优先事项越来越远时，有了这个练习，你就可以有意地（而非随意地）做出选择，因为你的优先事项发生了变化。

6. 实现它

写下你的四个目的因优先事项。

写下你想完成每个优先事项的日期。

写下你打算如何创造家庭环境和工作环境，使你所生活的空间支持与你的价值观相一致的行为。

为四个优先事项中的每一项写下一个"如果……那么……"结构的条件句。

例如，如果你的个人优先事项是身体健康，你的职业优先事项是赚100万美元，你的人际优先事项是改善你与所爱之人的关系，而你的娱乐优先事项是与家人环游世界，那么你可以利用下面的（或创造自己的）通用公式，写出一个"如果……那么……"结构的句子来让自己保持专注：

如果我做了ABC，那么我将在某个日期前实现XYZ。

你可以更进一步迈向元目标（目标之外的原因），以激励自己，比如：

如果我每天都做ABC，那么我将在某个日期前实现XYZ，如此一来，快乐的事情就比我想象中要早几年发生。

你刚刚所做的事情翻转了你的时间轴。在这之前，许多优先事项根本没有被优先考虑。将优先事项从时间轴的边缘（某个日期的位置）挪到生活的中心（你现在所处的时间位置），这样你实现优先事项的时间轴就被翻转了。这种翻转的时间轴或反转的时间顺序，帮助你省掉了不必要的步骤，让你直接采取正确的步骤。

想要获得更多元目标，你可以反转"如果……那么……"句子的顺序或者完全删除句子中的部分内容，更深入地落实时间翻转。就像这样：

我现在就过上了快乐生活，因为通过时间翻转，我发现所有我原以为要达到目的所需的步骤都是完全不必要的。

这个条件句不一定适用于所有情况。但是，在许多情况下，这无疑是奏效的，或者至少可以帮助你评估你所期待的东西是否有必要,而不是让自己害怕得不敢向前迈出半步。

7. 打败恐惧

每次我指导别人采取这些原则的时候,总有人告诉我因为这样或那样的理由,他们做不到。我还会听到一些说法,认为这只适用于那些拥有某些资源或处于某些特定情况下的人。这些批评者都是对的,原因有两个:一是每一种情况都是不同的;二是如果你不相信自己能做到,你当然就做不到。但是,对正在读这本书的你来说,你没有任何借口。对你来说,没有时间、没有教育背景、没有经验、没有钱都不是借口。就从你现在所处的位置开始。开始之前,不要告诉自己你需要更多条件。

时间翻转者要创造性地解决问题。同时,正如你将学到的,你不必亲自解决自己所有的问题,你也可以寻求专家的帮助,这就是所谓的专家招募。

如果你心底有个声音说你因为各种各样的原因不能这样做,那么就问自己几个新的问题:

如果 XYZ 没有发生,我如何在某个日期前解决 ABC？

如果 XYZ 没有发生,谁能帮我在某个日期前解决 ABC？

如果这些问题已经解决,我接下来要做什么？

因为,当你有目的地生活时,你的优先事项和目的是一致的。

生产力4P

项目	条件
个人	如果 那么
职业	如果 那么
人际	如果 那么
娱乐	如果 那么

生产力4P

项目	条件
个人优先事项	日期 需要克服的恐惧和障碍
职业优先事项	日期 需要克服的恐惧和障碍
人际优先事项	日期 需要克服的恐惧和障碍
娱乐优先事项	日期 需要克服的恐惧和障碍

寻求灵活性，而不是平衡

第二章

寻求灵活性，而不是平衡

如何拥有自己的时间

> 太多时候，我们都忘记了，其实我们的职业生涯也可以，而且原本也应该是愉快的。[1]
>
> ——多利·克拉克（Dorie Clark）

道格（Doug）在纽约市的一家大型美国投资银行工作。他所在的团队人数众多，但他在沟通、解决问题和人际交往能力方面表现优异。这使他的收入快速增长，而他本人也担负了更多的责任。最终，道格被破格晋升为总经理。他更忙了，需要家人跟他一起从纽约搬到巴黎居住。

道格说："我们抓住了这个机会，不仅可以去国外生活，还能让我们的孩子在那里学习第二门语言。但问题是，投资银行的晋升就像吃馅饼的比赛，第一名的奖品是更多的馅饼。你不仅要爱上馅饼，而且馅饼是你唯一能爱的东西。我承担了更多的责任，但随之而来的并不总是更多的资源，并且工作时间和工作范围并不灵活。"

他继续说："同行都自嘲说，这个工作就像是一个金笼子。在外人看来很了不起，薪水高，还体面，但只有行业内的人才知道，这其实就是个牢笼，是大多数人无法挣脱的一种生活方式。生活悄悄发生着变化，你渐渐失去了自我，突然有一天，你对薪水产生了依赖，就像吸毒者对海洛因上瘾一样无法自拔。"

他说："我的父母都是老师，我们家从来没有过很多的可支配收入，我一直被灌输要重视存钱和计划的重要性。我原以为，进入金融行业可以为我的孩子们改变未来。我省钱，再省钱，把节俭放在首位。我做这一切都是为了家，为了孩子，我总是把这个当作自己长时间工作和牺牲的借口。然而，我并没有意识到这对他们产生了什么影响。"

> 思考一下：虽然你的境遇可能不同，
> 但是你可以从道格下面的话中得到什么启发？

道格对我描述了一下他的情况：

- "我大部分时间不在家。"
- "我们的家庭关系非常融洽，但孩子们要学习法语，适应一个陌生的国家，这对他们来说是一个不小的挑战。"
- "因为这个新的工作机会，我每天都太忙了，忙到没有注意到这对他们造成的影响。"
- "他们去学校前我就离开了家，等我晚上回到家，只能够赶上跟他们说晚安。"
- "我的星期天被工作日没有完成的工作和电子邮件占满。"
- "即便跟家人在一起时，我也是心不在焉，脑子里塞满了一堆杂事，这使我倍感压力，我还不如不在场的好。"
- "我很'成功'，但是却身不由己。"
- "我无法掌控自己的时间。"

- "我无法掌控我的优先事项。"
- "我无法决定我的工作时间和地点。"
- "我无法决定我的休息时间。"
- "由于缺乏时间,我甚至无法控制我的健康状况。"

道格很清楚,如果要改变现状,他需要做出改变。他希望能够按照自己的意愿生活。他想多陪陪家人。他希望能送孩子们去上学,听他们回来讲讲学校里面发生的事,晚上辅导他们的作业。他想去度假。他想在他喜欢的地方生活。他想为他的业余爱好留出点时间。他希望有时间跟妻子约会、探险,他希望有时间娱乐,他希望有时间健身,他希望有时间为家人做饭。道格梦想着能有时间去做这一切,"同时仍然有收入,也能影响他人"。

他想他不可能是唯一一个在这方面苦苦挣扎的人,所以他一直在寻求有关个人提升的书籍和播客。就在这时,道格了解到我的工作,就联系到了我。当时,他和他的家人正在巴黎,他想了解流动性、工作和生活灵活性方面的问题,他想"成为自己生活的工程师和建筑师"。

你会如何回答年薪 80 万美元的问题

道格说:"在接受辅导的过程中,我经历了职业生涯中最关键的时刻。我更清楚地意识到了我的优先事项以及我想为自己和家人创造的未来。"他继续说道:

"就在那时,我接到了我刚进入金融领域工作时的一位老上司的电话。他刚换了一份新工作,责任更重了,手下有几百号人,因此需要有人帮他管理一个庞大而关键的部门。但这个部门士气低落,员工的技能有待提高，需要对内部进行更好的调整。他认为我是这个职位的不二人选，想知道我是否感兴趣。那份工作在纽约，年薪80万美元。

我要不要接受呢？毕竟80万美元是一笔大数目。但是我的思路特别清晰，我告诉自己：'这个职位并不适合我，我要拒绝，而且拒绝了我也绝不后悔，因为这个职位并不能带来我最想要的。'并不是我不把那80万美元放在眼里，这对我来说是一笔不小的数目，而是因为我问了自己几个不同的问题，得出了不同的优先事项。"

道格从目的因，也就是他的终极目的的角度推断出自己内心的想法：

- "80万美元的代价是什么呢？我的日常生活会是怎样的？"
- "我可以真实地预感到每天的通勤，天亮之前早早赶到办公室，卷入公司内部的明争暗斗，直到天黑才下班回家。错过更多的时间去做更充实的事情，这种感觉很痛苦。"
- "我知道我接受这个职位的代价是更大的压力，我会有更少的时间陪伴家人，更少的时间做自己爱好的事情，我的健康也会出问题。"
- "一眨眼，孩子们就长大了，我也错过了他们的成长。"
- "我意识到，在他们长大成人、离家独自生活之前，我能陪伴他们的暑假屈指可数。可以陪伴他们度过这几个暑假的想法让我豁然开朗，也给我带来了动力。"

关于他的决定，道格解释道："对我来说，说'不'是一件轻而易举的事情，但同时我也惊讶于那时自己的清晰和冷静。刚开始时我很紧张，不知道如何拒绝我的第一任上司，拒绝这份新工作，他显然对这份工作兴致勃勃,而且做好了为工作牺牲的准备。"

践行实用二元性(Practical duality)。当道格告诉我他要拒绝这个 80 万美元的机会时,我有点担心。但是,我没有将我的担心告诉他,我想进一步了解他自己的意愿以及他理想中的生活是什么样子。我想到了他的家人,想了解他为什么拒绝这么一个有着如此丰厚回报的机会——年轻时的他会不假思索地接受这个机会。我问了他几个问题,当我觉得我了解了他的目的时,便问他我是否可以与他分享一些非传统的想法。

我们讨论了如何在金钱和意义之间做出选择,以及如何让这两者的关系不冲突。金钱和意义可以通过创造力互补互利。

在时间翻转中,在两个良性选项之间做出选择不是一种冲突,实际上是一个实用二元性机会。实用二元性是我创造的一个术语,用来帮助人们思考重要的生活选择,并通过将工作和生活的两个对立面融合在一起解决问题,就像摄影师对光和影的运用一样。

通过艰难对话建立信任。我不想让道格错过这个千载难逢的机会,但是我也尊重他的经验和价值观。所以我与他分享了我从史蒂芬·M. R. 柯维那里学到的一些东西。柯维教会我,遇到困难的时候,问一下自己如何在进行对话的同时仍然能建立信任。

如何进行艰难对话并建立信任?

当道格说他不想要这份工作是因为他不想让自己的时间被占用时,我们便讨论他可以采取一些方法,使现在或者将来的工作在不占用他过多时间的情况下仍然得以顺利进行。他的目标是与他敬重的老上司增加信任感和透明度。我们围绕着最终的工作成果提出了一些愉快的替代方案,这些方案对他的老板来说是有价值的,他在采纳方案的同时,也可以保留道格的自主权。

道格说:"我的观念发生了不可思议的转变,原来我也可以选择以这种方式拒绝,却仍然能建立起信任,并使我将来有可能以提供咨询服务的方式加入,而这可以在任何地方以项目的形式进行。提供咨询是我从未想过的。对我来说,这份工作唯一的阻碍是,我不想在一个我不愿意待的地方全职工作。我突然想明白了,事实上我的答案不需要在'接受'或'拒绝'之间二选一,我还可以再加上一个我自己的选项,那就是可以以顾问的形式加入团队。"

道格利用艰难对话来建立信任,并直接将原委如实相告老上司。道格告诉老上司,他很荣幸对方能想到自己,而他知道对方需要一个能够150%投入精力的助手。虽然工作本身很有诱惑力,但他不想为了满足工作要求而放弃一些其他东西。他告诉老上司,他希望在新的工作中,可以自己选择合作的项目和客户,选择居住地和生活方式,在工作和生活上拥有更多的灵活性。

道格说:"让我惊讶的是,我的老上司完全能理解(而且他自己也在为这个问题纠结),我们的话没说死,如果将来有咨询项目需要我的专业知识,我会义不容辞。这个插曲对我个人来说是一个巨大的考验。"

道格一直想创办自己的公司。现在,他的老上司很有可能会成为他的第一个大客户。

道格说:

"说出自己重视的事情非常容易,但是在行动上能不能经受住考验又是另外一回事了。我告诉自己,我重视家庭,重视灵活性,向往地点自由的工作。但是,当一个高调体面、薪酬待遇丰厚的工作机会就摆在面前,它却与我重视和想要实现的目标背道而驰时,我又会作何反应呢?我是否会意志动摇,告诉自己'再多辛苦几年'?我对我的价值观做出了承诺并'通过了这个考验',这给了我更大的信心,使我朝着梦想前进,过自己想要的生活。"

创建翻转时间的项目。道格的妻子琳赛(Lindsey)是一名职业治疗师，他们一起花时间发展她的线上业务，在增加了业务收入的同时，还实现了办公地点自由。他们为职业治疗师开发了高端项目，帮助他们建立、发展和扩大自己的私人付费业务。地点自由对他们来说很重要，但是深入分析后，他们发现他们真正想要的是时间自由和灵活性。时间自由意味着他们可以自主选择工作时间和工作量，而地点自由实际上是随之产出的副产品。

选择一个关键约束条件。道格说："如果我们想在暑假去日本住上八个星期，我希望我可以毫不犹豫地说'没问题'。这就给我们提出了一个关键的约束条件。这意味着，我们必须明智、灵活地考虑各种项目类型，但更重要的是，如何去实施这些项目。"

提出问题以辨别出正向约束。下面是他们提出的一些问题，以反思日常生活中设定的目标，你可以根据自己的实际情况进行调整。

- "我可以接受哪些项目，更重要的是，这意味着我应该拒绝什么？"
- "有没有新的办法可以使我们在做好项目的同时还能找回时间？"（这引导我们在每个项目上雇用虚拟助理和相关专家。在核心业务方面，我们把很多精力放在了批处理和自动化上）
- "哪些视频、博客、采访和录音是可以提前做好的？"
- "我们如何在孩子上学期间事事'提前'，这样我们在暑假就可以基本上不工作？"
- "我们如何安排日程，才能在重要的家庭时间不接到咨询电话？"

谨防出得龙潭、又入虎穴。

当约束创造了自由，

> 避免了将来的连锁负面事件时,
> 时间就被翻转了。

他们得到完美结果了吗?

他说:"不,还没有。"但是,他们已经取得了惊人的进展,并在不断地调整。他补充道:"比完美更好的是,我们相信一切尽在掌握。"他们可以决定哪些目标是适合他们的,一旦确定好了,就努力工作去实现它。

道格反思道:"以前,我们只是顺其自然,接受生活带给我们的一切。但是现在,我们有了更坚定的目标。有了目标,我们就努力去争取,而不是一味地逆来顺受。"

选择工作和生活的灵活性,而非工作和生活的平衡。"今年夏天,我们在葡萄牙工作了八个星期,这种感觉太妙了。孩子们每天都参加不同的夏令营,他们去冲浪、打网球、了解机器人技术等。我们游遍了整个葡萄牙,从南边开始,每隔一两个星期就收拾行囊再次出发,最后到了北边,那里已经靠近西班牙了。我们从峭壁林立的蔚蓝海边,到了葡萄园星罗棋布的绿色山丘,再到蜿蜒曲折的水城小镇,在那里,人们一整天都在河流上度过。"

为生活中的温情时刻留出时间。"琳赛的母亲最近去世了。"道格说。

"她回美国住了17天,陪伴她的父亲。无论你是谁,有着怎样的身份地位,失去父母都是一件让人沉痛的事情。在那17天里,琳赛把精力全部放在了岳父身上。得益于我们此前做出的改变,我也能够全身心地陪伴孩子们。

碰巧的是,彼时我们已经为职业治疗师建立起了项目(全自动运行),销售额自动入账,在她陪伴岳父的期间,我们赚了几千美元,这一切都归功于我们的提前计划和准备。"

在我写这本书的时候，道格和琳赛正计划带着孩子们移居葡萄牙，并在各自的项目上进行远程工作，因为他们的生活已经实现了地点自由。道格说："有一堆事情需要处理，但是，既然我们在生活和工作安排上取得了进展，我们知道，我们不仅可以厘清它们，而且也有时间这样做。"

当你以为 100 个步骤才能完成的事情，
其实只需要一个步骤就能完成时，
时间就被折叠了。

寻求工作和生活的灵活性，而不是工作和生活的平衡

平衡的力量产生不变的运动。寻求工作和生活的平衡，就像进行一场拔河比赛或者试图打开一扇有人拽紧的门。

改变运动则需要不平衡的力量，比如推或拉。试图在工作和生活之间平衡你的时间会使你陷入困境，因为平衡的力量是静止的。生活在这头拉，而工作在另一头拉。

如果你想朝着自己期望的方向前进，去创造积极的变化，那么你就要让事情运转起来（而不是把事情全部做完）。当然，你需要让生活打破平衡，但是要让球朝着你理想的方向滚动（并在你想改变方向的时候就改变方向）。通过对时间进行调整，增加其弹性，可以使工作和生活互为支撑。工作和生活的灵活性可以将压力最小化，而将优势最大化，因为它会帮你赢得（或直接避免）拔河比赛，或打开那扇门。

时间翻转者寻求工作和生活的灵活性，而不是工作和生活的平衡。

几年前，一名叫本杰明·哈迪（Benjamin Hardy）的大学生给

我发了电子邮件。他读了我的书《要成功，先发疯：实现梦想，从做一件傻事开始》，想和我取得联系。我们立刻安排了一次咨询电话，我教他如何实现他当时的目标，成为一名成功的作家。他以惊人的速度成为一名成功的博主。此后，他把自己的博客平台转化成一项业务，这项业务符合他的理想生活方式并与他的总体目标相一致。在收到以他期望的生活方式为基础的盈利反馈的 7 天内，本杰明赚了 2.1 万美元，他在他的 Inc.com 博客上分享过这件事。

但是，成为一名成功的作家并不是他的真正目标。本杰明想在他的一生中通过写作来影响他人、惠及他人，同时又可以马上照顾到成员越来越多的大家庭。当时，本杰明和劳伦（Lauren）刚收养了三个寄养儿童，同时本杰明仍然在读书，并努力维持生计。本杰明的成长过程中充满了挑战，他渴望学会如何改变自己的人生经历，并在此过程中可以帮助到他人。

本杰明现在是一名畅销书作家。[2] 他经营着一项业务，有着七位数美元的收入，该业务是他通过确定总体的个人和职业目标，围绕理想的生活方式而设计的。本杰明利用时间翻转原则，过上了一种其他人要退休以后才开始的生活（如果可以退休的话）。他把自己最重视的人生价值——家庭和信仰放在日程表的首位，才成就了工作上的富裕和享受。

本杰明把目的因作为起点，围绕最终目的，通过确定优先项目打破生活的平衡，使其朝着他期望的方向发展。他知道在个人和职业方面哪些事情对自己最重要，但是当他把目标从处于遥远的时间轴末端的未来拉到现在时，指针就会移动回来。正如本杰明·哈迪所说："忠于未来的自己，你才能获得成功。"

目的是有弹性的。

为想要的东西创造时间是一门艺术——画笔在手，在画布上任你挥洒。

现在就让重要的事情变得很重要

时间翻转展示了从事相同工作并有着相同收入的两个人是如何取得截然不同的结果的：一个几乎没有时间自由，而另一个似乎拥有世界上所有的时间。

有着基本上相同工作的两个人是如何过上如此不同的个人生活的呢？

30多岁的博比（Bobby）有一位年近七旬的有钱父亲。父亲最近向博比惋惜自己的人生计划。他的计划原本是努力工作，变得足够富有，然后可以有更多的时间陪伴家人。回想往事，博比的父亲意识到，多年以来，他因为忙于工作而失去了很多跟家人相处的机会。他现在感到无比遗憾，告诫儿子不要步他的后尘。

博比的父亲原本可以做同样的工作，赚同样多的钱，同时还可以享受他一直渴望的家庭时光，而不是错过了陪伴家人的30年。但是没有人教过他该如何做到这些。在他的生活中，没有人曾示范过不同的生活方式。

当你的生活完全无序时，你的优先事项仍可能井然有序。

你的工作和生活不应该只是以灵活性为重心，还应该朝着与目标相一致而努力。

你现在花时间去做的事情就是现在对你来说重要的事情。

重点不在于改变优先事项，
而在于何时以及如何让优先事项变得重要。

优先考虑目的因可以排除干扰，腾出时间，让你保持专注。

即使你认为你是在为以后更大的回报而工作，但是，你现在做的事情也很重要，因为这是你在别人面前展现的样子。如果不重要，或者没有那么重要的话，为什么你仍然要做它呢？时间看上去如此充裕，未来好像是无穷无尽的，所以我们往往对时间视若无睹。

时间翻转者优先考虑今天的理想，将工作和生活灵活地结合起来，互为支撑，活在当下。

时间翻转正在赢得意识、一致性和注意力的战争。

没有时间的亿万富翁

我遇到过一位刚刚丧偶的亿万富翁。她告诉我，她的丈夫没有做到工作和生活的平衡，没有时间陪伴家人，他是一个失败的父亲。他对时间管理很在行。他成立公司并赚到了钱，从白手起家到管理着几千名员工。但是，据他的家人说，他并没有为家人留出相处的时间。

后工业时期的时间管理耗时、使人分心、以线性的方式执行，对你的个人生活而言，已经无益且过时。

> 重要的并不是你做了什么，
> 而是你在做这件事情的过程中成为什么样的人。

时间翻转长期创造的时间比短期消耗的时间要多。

创造空间，填补空缺

时间管理的悖论在于，人们发现了一个荒谬的事实：你越是管理你的时间，你就越没有时间做最重要的事情；而你越不管理时间，你就越能完成更多事情。

为人生创造一个新的时间轴需要勇气。

优先关注和目标一致的项目

总的来说，人类不太善于预测未来。因此，为了使梦想的天平向我们倾斜，我们会制定大量（几乎数不清的）不必要的步骤。

> 调整目的，确立优先事项，
> 围绕工作和生活的灵活性创建项目。

虽然比起预测未来，人类更善于识别成功模式，但我们却倾向于选择与我们的梦想几乎无关的道路，而不是直接采取行动，径直打开成功之门。

一方面，非理性的目标设定在全球范围内导致了严重的时间延迟和不必要的情绪焦虑。另一方面，我们在工作和生活中一直保持着持续学习的状态。没有持续的学习，就没有持续的进步。

如果你能确定一件事情，它可以帮你将其他所有事情落到实处，从而跳过所有你原以为必要但其实不必要的步骤，那会怎样呢？

无论你是否已经筹划好了一切，无论你喜欢制定计划还是对时间表感到窒息，你都有必要认识到，那些预先计划好的意愿要么按计划发生，要么不按计划发生，要么根本就没发生。即使当你的计划得到完美实施时，你也要问问自己，你是否正在做从一开始就想做的事情？这个计划能否帮助你变成你想成为的人，这是不是最好的方法？如果你到达你计划要去的地方，那么这是你最终想要到达的地方，还是只是到达其他目的地的一块垫脚石？

为可能性、创造力和改变留出一个开放的空间。如果你使用日程表的话,把日程表上的那些默认事项换成完全不同的、自然发生的事物,或者比你想象中更好的事物。

最蠢的事情不是做错了计划,而是在知道了错误的计划并不符合我们的最大利益之后,仍然一意孤行。

仅仅在某件事上投入了大量的时间和精力,并不意味着这件事就是你要做的正确的事,例如故意将爱心包裹寄到了错误的地址。

在糟糕的计划上加倍投入时间和精力,并不会帮助你实现梦想。为了维护自尊而在糟糕的计划上加倍努力并不是高效和幸福的秘诀。傲慢加上无知(天真)情有可原,但是傲慢加上自知(自负)有害无利。

你比任何人更清楚这一点。

谦虚才能好学,好学才可以改变。在进行项目时,你没有必要在被逼到绝境时进退两难……一份冗长的清单也会让你陷入这样的困境。

除非行动上有所改变,
否则这称不上是一次教训。

元目标、元决策和蜕变

当我进行一个新项目时,我的目标、策略和运营都是为了在近期以及不久的将来能收获比我在初期投入的更多的时间。如果我的目标是从现在起五年后拥有自由时间,与从现在起五周后拥有自由时间相比,我的方法会创造非常不同的工作模式,但是两者大概需要我付出同样多的努力。

想象一下你为了赶上截止日期而奋力工作。想一想,如果你知道接下来的一两个星期你不能去公司打卡,你的工作方式会有什么不同。那么现在，如果你也借鉴这种方式来思考一下未来呢？

临近工作截止时间的拖延者最有效率。

经营者与所有者之间的区别在于他们支配时间的方式。你可以以不同的方式规划时间，在生活中得偿所愿的同时，也能完成工作。建筑师无须亲自建造建筑物。总承包商只需将工程分包出去。

打个比方，假设你很擅长挖沟。在这种情况下，"优势测试"可能会告诉你，你很擅长挖沟，所以你应该继续挖下去，即便这不是你想要或需要的。从这个意义上看，优势的说法是一个时间陷阱。如果你不想挖沟了怎么办？

种瓜得瓜，种豆得豆。种子生根发芽，长成参天大树。那么同样，你支配时间的方式也会生根发芽，成为你生活的根基。现在就做你最想做的事，埋下最想享受的时间的种子。好消息是，时间不是真的种子，你可以充分利用时间创造几乎任何数量的东西。但是，你在实现梦想以外的事情上花的时间越多，你将来就会越没有时间去实现梦想，更别说看着它长成你想要的参天大树了。

你可以顺从地处理工作，也可以限制会对你的生活和时间产生消极影响的工作量。勇敢地创建能够创造时间的项目，而不是消耗时间的项目。

创建工作和生活灵活性项目

这项练习将帮助你建立工作和生活的灵活性，因为你可以将注意力优先放在围绕个人、职业、人际和娱乐优先事项而创建的项目上。

创建目的项目

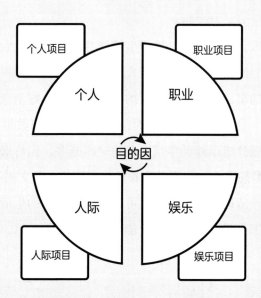

这些时间翻转项目的目的是让你拥有灵活性，即拥有更多的时间自由，从而按照自己的意愿过上幸福的、硕果累累的生活。

在上一章中，你通过生产力4P确定了目的因。现在，你可以利用每一个时间翻转目标，从一开始就创建能促进自由和灵活性的项目，这些项目可以带来更大的时间自由和更好的时间体验。以你最喜欢的、贡献最大的方式生活，这个过程不是在学习中而是在行动中得以实现的。最好的实践来自课堂之外。

从目的因中提取生产力 4P

1. 哪个项目可以服务于目的因,从而创造时间和空间来帮助你实现对应的优先事项?

个人优先项目:

职业优先项目:

人际优先项目:

娱乐优先项目:

2. 为了使该项目走向正轨,今天你可以采取的第一个简单的、有目的的步骤是什么?

3. 你希望该项目何时完成(日期)?

4. 设立日、周、月、年四个阶段,帮助自己实现目标。

项目有开始,也有结束;可能成功,也可能失败。在目的项目上努力,使自己从想做某事,到尝试去做,到体验梦想,到立即成为这个梦想的一部分。无论这个梦想多么渺小,都值得一试。

想一下,到目前为止,事情发生了什么变化。我们已经从怀揣想法到将目标悬于时间轴末端,再到从目的项目开始利用元目标和元决策来确定优先事项,创建目的因环境。时间翻转培养了生态系统,使梦想的生活在很短的时间内变成了一种文化价值、技能和现实。

目的项目:梦想在期限将至时才算实现。项目可以使你学以致用,变得高效,并巩固既有的知识。围绕未来的梦想,今天就启动项目并设立期限,把你的梦想从未来带到现在。

有一个词可以形容从交易性时间管理到变革性时间翻转的转变,那就是:蜕变。

先筑城,再修护城河

第三章

先筑城，再修护城河

如何释放时间，然后保护时间

爱与成功，一定要按照这个顺序。如此简单，又如此艰难。[1]

——罗杰斯先生（Mister Rogers）

萨姆·琼斯（Sam Jones）在读完《要成功，先发疯：实现梦想，从做一件傻事开始》后，于2014年创立了定制服装公司，并梦想着能有更多的自由时间旅行、陪伴家人、同朋友聚会。然而，不知不觉中，他开始业务缠身。他的自由和人际关系只能往后排，因为他让自己忙于讨厌的事情，希望有一天能获得他梦想的自由。

刚起步时，业务朝着正确的方向发展，但是发展到后来，他感觉自己选择了错误的事业类型，因为他没有了时间。他找机会把公司卖掉了，然后从头开始。

他的目标是自由，而不是生意。

把公司卖掉后，他联系到了我。我告诉他，他应该先筑造城堡，而不是忙于修建护城河。他虽然改变了工作的性质，但是没有改变优先事项的顺序。

萨姆说：

"我原以为服装店是我的梦想。但是,事与愿违,我很快就意识到,这其实是在为我的梦想制造障碍。我创业的初衷是为了获得自由,变得经济独立,能够自己说了算。无形之中,我在自己周围筑起了一道墙,使我无法实现梦想。我太忙于操心护城河了,以至于从来没有想过城堡的问题。相反,我需要先筑造一座城堡,然后再围绕它修建一条护城河。现在,在创建新的项目时,我会以家庭、时间和旅行为中心。这是一种完全不同的思维方式,但是现在对我来说却如此简单。"

萨姆接着说道:

"我发现自己内心深处的真正目标是,工作不受地点限制,这样一来,我和家人就可以随时来一场说走就走的旅行。你帮我搞清楚了,我必须把我的价值观(家庭、自由、旅游)放在首位,然后才是在剩下的时间里安排工作。我意识到,我曾经认为需要八个小时做完的工作,其实在两个小时内就能完成了。以前,我以事业为中心,然后才是家庭和自由。如今,我围绕家庭和自由开展事业,一切都得心应手。很简单,优先考虑价值观,然后创建相关业务来保障你的价值观。"

城堡代表目的因,即你的目的和优先事项。护城河代表保护城堡的工作。释放你的时间,然后保护时间。放弃成见,别再认为等待是实现梦想过程的一部分。我们一直习惯性地相信,如果我们投入时间并付出努力,最终就能自由地做生活中真正想做的事情。

自由工作和赚钱的能力是一项了不起的特权。如果我们能够选择何时何地以及怎样工作,这将是人生一大幸事。但是,并非人人都能如此幸运地拥有这项特权。在传统意义上,公司是城堡,员工在护城河里工作。时间管理的设计初衷从来都不是为了让员工建造自己的城堡。它的目的是，让员工不断地挖护城河。例如，企业的退休计划源自对员工的时间管理，目的是让员工在工作岗位上坚持 40 年；美国政府的税收激励和惩罚措施也是为了使这种方式维持下去。这种将胡萝卜挂在棍子前方的时间管理做法越来越不合时宜。

科技的进步带来了更多的机会，我们可以把筑造城堡（梦想）放在首位，然后再修建护城河，巩固、支持和保护我们的梦想。我们可以选择自己的工作方式，如果想要更多的自主权，就必须改变优先事项的顺序。太多的人从护城河开始行动，却一直困在里面从未走出来过，即使他们原本可以。先筑城堡，再修护城河，释放你的时间，然后保护时间。

折叠时间

在小说《时间的折皱》[2] 中，神奇的谁太太（Mrs. Who）和啥太太（Mrs. Whatsit）通过展示一只蚂蚁如何爬过一条绳子来解释时间旅行。如果这只蚂蚁从它所在的位置爬到终点，那将会是很长的一段距离。谁太太把分别拽着绳子两端的手合在一起，将蚂蚁的终点直接带到了蚂蚁身边，从而大大缩短了蚂蚁的行程。

时间翻转的原理与此相似。

如果你知道你想要什么，那么第一步就是迈出你原以为的最后一步。这样一来，你折叠了时间，把未来（你的目的因）以一种有形的方式带到了现在。你可以让最后一幕在开幕时上演，将时间轴合在一起。

时间翻转要求你选择理想的生活方式。你想住在哪里？你想如何度过一天？你想与谁共度时光？这些都是你要问自己的问题。与其随意地找一份带薪工作，不如优先考虑自己想要的生活方式，通过创业或适合自己的职业去创造或找到收入来源。通常情况下，人们会找到一份工作，然后围绕这份工作来生活。时间翻转则是完全将这种工作方式翻转过来：先过理想的生活，并围绕生活来找工作。

时间翻转以你最终的人生选择为中心，这样你就可以围绕它安排工作，使工作起到支持和保护的作用，就像围绕着城堡的护城河。

打个比方，人们可能会说，他们想住在城堡里（梦想的目标），但是他们从修建护城河（他们称之为工作，其实是干扰事项）开始，却从未到达过城堡。从筑造城堡开始，然后再修建护城河，为你的头等大事筑造一座坚不可摧的堡垒。

时间翻转者围绕他们的梦想修建了战略护城河和经济护城河，以支持和保护他们的梦想，这样他们就可以大胆地追求理想，而无须盲目地等待。

沃伦·巴菲特（Warren Buffett）在投资时，会寻找那些建立了经济护城河来保护其经济城堡的公司。巴菲特写道："近年来，可口可乐与吉列的全球市场占有率确实都增加了，品牌的巨大吸引力、产品的出众特质以及销售渠道的强大实力，都赋予两家公司超强的竞争力，就像是在企业经济城堡周围形成了护城河。相比之下，一般的公司在没有护城河保障的情况下，每天都在浴血奋战。"[3]

你的生活是否每天都在为时间而战，但却毫无防护？

筑起护城河，保护你的优先时间。

时间翻转：城堡与护城河

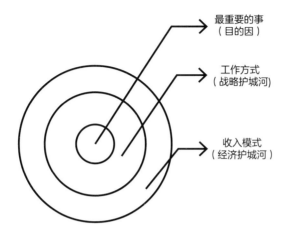

时间翻转者有意识地创造战略护城河（工作方式）和经济护城河（收入模式）来保护他们的时间，从而保护他们最重要的事（目的因、目的、生活方式、自我体现、价值观、梦想）。

> 时间自由是指，创造一种环境，
> 事情一旦出错，你可以进行灵活处理，
> 防止错误再次发生，并重设以达到更好的预期。

你对过去和未来的认知影响着你的现在

想一下你已经筑造的城堡和护城河。暂时不要把你的人生时间轴想象成过去、现在和未来，而是在脑海中创造一个空间，想一下你的过去如何造就了你的现在，你的现在如何造就你的未来，以及对未来的展望如何造就你的现在。

过去、现在和未来的重叠之处就是目的因所在的位置。你可以在这个位置彻底改变你的自主权、目标一致性和可用时间。

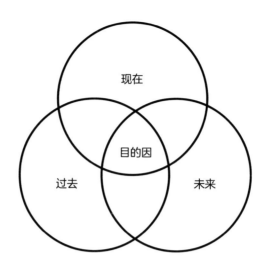

今天的你已经实现了昨天的目的因（你的过去）。 无论你今天在经历着什么，都是由你过去（无论好坏）的环境和选择构成的。你今天的生活方式将造就你下一段人生的样貌。为什么不采取行动，影响生活的轨迹，让生活朝着你希望的方向前进呢？我们都是处在不断的变化中。你拥有怎样的人生，你拥有多少时间自由和选择权（强制力量除外）——你自己最有发言权。

过去： 想象一下 10 年前的生活。你是谁？你在哪里？当时多大年纪？你的目标是什么？你能赚多少钱？你做了什么有趣的事？你生命中最重要的人是谁？你做什么工作？你做什么项目？你的健康状况如何？等等。

现在： 如果你像大多数人一样，10 年前的你肯定跟现在的你很不一样。事实上，你甚至可能会觉得现在的你和以前的你不像同一个人。当然，你确实还是 10 年前的那个你。但是，世事变迁，你的经历、选择、生活很有可能超出了你的想象（无论好坏）。今天，你可能有着不同的境遇，在不同的环境中过着不同的人生。你在过去的时间基础上，造就了现在的时间，并为未来的时间做着打算。今天是 10 年前的你想象中的未来吗？

未来：如果你的现在与过去不同，你认为提前 10 年规划与等待会有多大效果？如果现在就开始实现这些目标的要素，那么在接下来的一两年内，你实现 10 年后的梦想的可能性会有多大呢？如果你能够用不同的方式思考、计划和行动，跳过那些堆积于前、可有可无的步骤，会有什么不同呢？如果你在遥远未来的远大理想，在一两年内就能实现，谁敢说它们不能在接下来的六个月、六天甚至马上就能实现呢？

对时机的把握是一种决策。

承认时间给你带来的好处，

确定将来你想用你的时间做什么，

现在就开始行动起来，为更多的时间腾出空间。

消除、委托和外包

拉舍尔·贾维斯（Rashell Jarvis）所处的行业"以忙碌为荣，一天工作 24 小时，一周工作 7 天，不眠不休，苦不堪言"。她后来取关并删除了所有不认识或不能激励她的人，关掉了噪声。她不想再被干扰，想拿回属于自己的时间，想要一个能给她和家人带来更多自由的更灵活的工作模式。

拉舍尔联系到我，跟我谈了她为房地产投资客户提供的一系列想法，希望讨论出能够提供最大价值的产品。我告诉她，想要知道客户的需求，最简单的方法就是直接去问客户。然后我教她消除、委托和外包（Eliminate, Delegate and Outsource，简称 EDO）她不愿意做的所有事情，将精力集中在她喜欢和愿意去做的工作上，找回时间自由，围绕优先事项安排工作。

"我先搞清楚了我的客户需要什么。"她解释说。

"然后，我通过 EDO 方式设计了工作流程。通过这种方式，我知道我需要变更一下合伙人，以保障业务增长、规模扩大的公司愿景。我从零开始，但是我急于做出必要的改变，我认识到要围绕我的家庭建立爱、价值和必胜的信念，以此来领导公司。现在，我制定了一套业务流程，以满足客户的需求，创造了价值。然后，我不仅可以收取更高的费用，还能提前拿到报酬。

我了解到一点，如果人们看到了价值，就会愿意花钱，事实就是如此。我现在聘请了有技能、有才干的好帮手：一名会计师和一位了不起的首席执行官！目前，公司业务顺利进行，我不再每天包揽大小事务。越来越多的时间回到我手里。我将时间用在了我热爱的公众演讲，以及面对面传授人际沟通技巧上。明年会是一个丰收年，因为我们的业务将增长三倍，并且公司作为一支主力军，继续在全国房地产行业发光发热！在我改变商业模式不到一年的时间里，我和家人就从亚利桑那州的沙漠搬到了南加州的海岸（我们梦想中的地方），我们的梦想现在就实现了！"

当你问人们想要什么并提供给他们时，你就超越了传统意义上的销售，因为你提供的正是他们想要的，因此他们需要知道有这个东西的存在，而且还能支付得起。拉舍尔·贾维斯确定了自己与目标客户的需求，这使他能够创造一个新的理想解决方案，同时满足双方的需求。值得注意的是，如果她没有优先围绕自己选择的城堡进行安排的话，很可能在创建了一个新的业务之后仍然困在时间陷阱里。

你可以以这样的方式安排生活，以家庭为中心，让工作保护你和你的家人。相反，以工作为中心，而家庭处于次要地位的情况下，如果不幸遭遇裁员，你的整个生活就会支离破碎。

清点一下你的生活

当人们认为,他们的工作是为了提高自己和他人的生活质量时,他们当下将如何投入时间?可悲的是,许多人即使换了工作,换了公司,换了合作伙伴,到头来却又回到了浪费时间的传统忙碌模式。这种不稳定是因为一再重复没有战略的战术。

如果你想要拥有不同的未来,就不要重走过去的老路。

复制、盲从和机械模仿别人并不会给你带来想要的人生,如果他们也没有你想要的生活方式的话。我的建议是,你要有的放矢,慎重选择跟随者。

时间翻转灵活性原则是指,无论你将什么置于生活的中心,请围绕它开始行动,不管你目前处于什么状况。

如果你想优先考虑服务、商业、体育、创业、投资、教育、艺术、灵性、健身、家庭、旅行、奉献、娱乐,无论是什么,时间翻转灵活性原则都可以异花传粉,这样你就可以有目的地在每个选择上投入更多的时间。

城堡是你(想)住的地方。护城河在你和城堡的未知威胁之间创造了空间,使你可以反思、回应并缓解危险。

时间灵活性的目的是,
对你的生活轨迹产生更大的影响,
使你有余力去灵活地解决问题。

每一个解决方案都会产生一个新的问题。时间翻转者解决的是未来的问题,这些问题不可避免地源自未来的解决方案。这就是你如何能以不同的思维方式来为无限可能的未来创造时间和空间。

到目前为止你做了什么

目的→优先事项→项目→目的导向思维

你已经

- 确定了成功的目的因对你来说是什么样子（四个目的）。
- 确定了想投入时间做什么事情来迎接成功（四个优先事项）。
- 确定了如何从分心到行动，现在就实现你的优先事项（四个项目）。
- 认识到了把目的放于首位，然后再创造优先事项来保护目的的重要性，而不是反其道而行（要先筑城，再修护城河）。

现在，让我们设计一下战略战术，帮助你决定如何去厘清目前工作和生活中的杂乱事务，以创造空间，筑造城堡。这个城堡是你的个人信念和职业理念相互支撑，并实现良性的向上循环的地方。

利用 EDO 释放你的时间

EDO 是反时间管理中将工作和生活相结合的一种工具，它充分分析你现在的工作是如何完成的，以及如何通过不同的方式有效地达到你的目的，从而为你设计一个高效、信任度高的个性化环境，帮助你处理日常生活中的优先事项。

当你以不同的方式协调人力、物力以完成工作时，切勿给自己安排一个不愿意做的新工作。用另一个糟糕的工作或老板代替现有的糟糕的工作或老板,并不会帮你达成愿望。就像史蒂芬·柯维教我们的"以终为始"[4],它并不意味着以手段为始。

在创建重要的工作和生活项目时,认真遵守以下两项原则将为你节省大量的时间、金钱和麻烦:

- 以终为始,而不是以手段为始。
- 委托结果,而不是委托过程。

确定想要的结果,然后设计一种实现该结果的方法。例如,如果你不想成为一个微观管理者,就不要把事情委托给别人之后,还要对他们进行微观管理。

结果与手段。时间翻转者通过区分结果与手段,在自己擅长的领域大展身手。当你不把手段误当作终点或起点,在你的专业领域蒸蒸日上,同时也给别人机会让他们在自己的领域发光发热时,奇迹就发生了。

> 时间翻转者利用"强制功能"或"行为塑造约束",
> 来做出与目的相一致的决定,
> 以增加对更加美好的未来的选项(筑造城堡),
> 同时筑起壁垒去防止背离目的的决定(修建护城河)。

利用EDO重获时间，创造空间

EDO方法将帮助你安排好生活，重新获得时间。

建造城堡

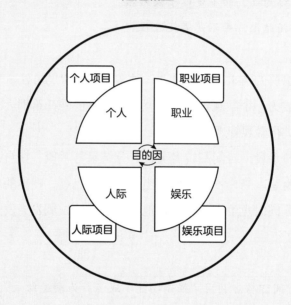

EDO首先确定你目前的状态，然后确定你想成为什么样子，最后帮助你确定达到目的的途径。

EDO的目标是，通过设计正向的强制功能，形成围绕各种优先事项的和谐生活。

说明：准备一张白纸，将其竖着对折。（也可以使用书中范例或电脑工作表）

1. 左半张纸。写下你从早上起床后到晚上睡觉前所做的每一件事情。不必等做完一天的事情后再将它们写下来，因为你对自己每天所做的事已了然于心。快速记下从丢垃圾、给孩子换尿布、送孩子上学、锻炼、从事业余爱好、进行体育运动、做项目，到你工作中负责的每一件事，以及你为了消遣而做的每一件事，等等。写下你觉得自己照例要做的所有事情。现在，在这半张纸上，你的整个生活在凝视着你。这是你目前在这个世界上的生活状态。虽然我们的过去和梦想塑造了我们的生活，但我们现在所做之事便是我们目前的生活状态。

写下你每天要做的事情：

_____

_____

_____

_____

_____

2. 下一步。只圈出几件你喜欢和想做的事情。注意，你每天要做很多事情，但是，你喜欢和想做的事情才是你的驱动力。

3. 右半张纸。在纸的右上方写下你在上一个步骤中圈出的喜欢和想做的事情。

写下你目前正在做的喜欢和想做的事情：

_____

_____

_____

_____

_____

工作和生活平衡表

你喜欢和想做的事情与你正在做的事情

4. 做一张工作和生活平衡表。左半张纸上写的是所有你感觉你必须完成，而且只有你能完成的事情，包括你喜欢和不喜欢的事情。相比之下，右半张纸上你喜欢和想做的事情就和左半张纸不平衡了。你的生活被你不想做的事情填满。杂乱无章的生活就是一个满满的日程表，自由时间对你来说只是一个无法兑现的承诺。

要求确定你喜欢和想做的事情，而不是你必须要做或你擅长的事情，原因很微妙，但却是有目的的，因为它使你的时间发生了有意义的改变。

如果你反对必须做一些你不喜欢或不愿意做的事，你就不太可能去做这件事。如果你不考虑换一种方式来完成任务，不得不做某件事的感觉会困扰着你，也会浪费过多的时间。

你擅长的事情（你的优势）是很重要的，但是仅仅擅长一件事并不意味着你喜欢和想去做这件事。虽然优势和性格测试可以帮助你了解自己、更好地表现自己，但是，当它们鼓励你去做你已经知道该如何去做的事情，不鼓励创新、真实性和改变时，也可能会扼杀你的成长。

例如，如果一名砖瓦工擅长砌砖，不要告诉他因为他擅长和水泥，而且性格适合这份工作，他就不能成为建筑师。传统的时间管理的核心是，使你砌砖更快、更有效率，而不是成为一名建筑师。相反，如果一个砖瓦工擅长砌砖却不想砌砖，这可能会对他的未来产生影响，也可能不会，因为他可以做任何想做的事情。

你的过去不能定义你，但是你看待未来的方式可能会定义你是谁。

5. 平衡你的生活。想象一下，是否可以找到一种方法，能保质保量地完成你不想做的事情，还不需要你亲力亲为。开动脑筋想一下，如果你不想做但又不得不做的事情，不用你亲自动手就完成了，会怎样呢？理论上，如果你不想做的事情得到处理，那么左半张纸上你想做的所有事情就会与右半张纸上你在做的所有事情相一致。从这个意义上来说，你的生活是平衡的。

这个思考过程可能听起来难以置信，但是，它是可行的。虽然你可能不会马上就得其要领，但是，学会以不同的方式思考和行动是可习得的技能。那么，怎样才能实现这个平衡呢？

任何你能消除、委托或外包的事情都可以帮助你找回时间。

按照帕累托法则（Pareto Principle）[5]，你的一天是否大致由20%喜欢和想做的事情与80%不喜欢和不想做的事情组成？如果是，慎重考虑一个合适的方案去消除、委托或外包你不想做的事情，理论上，你会拿回80%的时间（以及与之相关的脑力）。

这就是时间翻转。

6. 使生活朝着你想要的方向倾斜。如果你有80%的可用时间，而剩下20%的时间用来做你喜欢和想做的事情，你觉得怎样？你会用空出的80%的时间，加倍去做你想做和喜欢做的事情，还是投入新的创意、项目和梦想中去呢？

虽然主动释放时间的概念听起来有点陌生，当然，每个人的情况不一样，适应能力也不尽相同，但这就是时间翻转者用来清理杂乱事项，以空出时间来实现职业和个人理想的过程。

现在轮到你了。

对你的任务进行分组。

7. 消除。回头看一下左半张纸上列出的事项，问一下自己："其中哪些事项是可以划掉和消除的？"在旁边标上"E"表示"消除"。问一下自己："如果我把它划掉了，这要紧吗？"如果这不会对任何人产生不利影响，就将它从待办清单中消除。可消除的事项可能没有那么多，但是会比你想象中要多。将它们从清单中划掉。

写下你要消除的事项：

___

___

___

___

___

8. 委托。然后再过一遍清单，问问自己："哪些事项可以委托别人来做？"在旁边标上"D"表示"委托"。你不必现在就知道委托给谁，如何进行委托。你只需要将最终想要委托的任务进行分组。从这个意义上看，委托并不意味着你要付钱给任何人，让他来完成这些任务。委托可以是在工作或家庭中重新分配、重新调整或转换角色。有没有人喜欢并想做这项任务？

写下你要委托的事项：

___

___

___

___

___

___

9. 外包。 看一下你的清单，想一想："其中哪些事项可以外包？"在旁边标上"O"表示"外包"。这意味着你要付钱给别人来做这项任务。可能你想请人修剪草坪，或者想把衣服直接送到干洗店，或者雇用一名注册会计师（CPA），或付费建立网站，跟某人合作进行一个项目，等等。

写下你要外包的事项：

_____

_____

_____

_____

_____

假设，除了你喜欢和想做的事情外，你还想消除、委托和外包左半张纸上剩余的所有事项。在这种情况下，两半张纸都在你需要做与你想做的事情之间得到完美平衡。有人认为，做不愿意做的事情可以磨炼心性。这就是其中不想做的事情之一。有时候，最具挑战性的事情恰恰是争取做你想做的事情。请把优先事项放在首位。

这是你人生的平衡表。在这张纸上，达到平衡比在错误的方向上不平衡要好。你可以看一下这张平衡表，想象自己在想去的方向上前行，打破生活的平衡。"现在多出来80%的时间，我要用它来做什么呢？"

如何使用EDO。 EDO的目的是分清事情的主次，合理安排生活。当一项新工作、新任务或新项目摆在面前时，你可以问问自己是否喜欢并愿意去做。如果是，它使你离你的4P更近还是更远？

然后，如果你想或需要去做它，问一下自己，你要亲自做，还是应该将它消除、委托或外包。

城堡要建立在你喜欢和想做的事情上，这些事情是为你的目标和利益服务的。城堡周围的护城河则需要通过 EDO 的力量修建。

在生活中积极实践 EDO 思维，当思维变成习惯时，一切都会改变。如果你之前从未想过如何安排任务、释放大量时间，那么现在，你知道了。

在保护好城堡的基础上实施决策过程，可以帮你拿回时间，改变工作方式，并提高生活质量。

想象一下，如果你每天都只做喜欢和想做的事情，同时需要完成的事情仍然可以如期完成，你就有大把的时间去做任何你想做的事情。

如果你愿意，你可以为自己设计一个完全不同于现在的未来。不管你乐意与否，生活都在不断变化，一直向前。所以，不妨从一个你想住进去的城堡开始动工。

如果你创造了空间，变得有创造力、有创新力，做着你喜欢和想做的新项目，生活会是什么样子呢？

你可以在你喜欢和想做的、符合你最大利益的工作上开始筑造城堡。先筑造城堡将赋予你目的性和灵活性。

E. D. O.

消除 | 委托 | 外包

我每天要做的事情	我想做的事情

第二部分

实践

从分心到行动

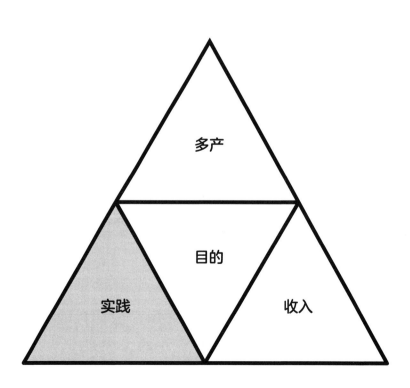

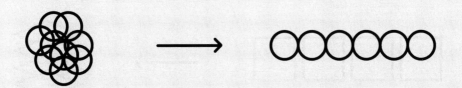

从分心到行动

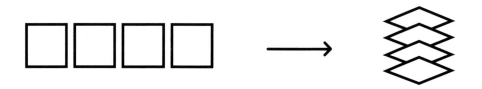

项目堆叠

第四章

项目堆叠

如何让时间为你工作

想到你是要死的,要在当前的某个时刻结束你的生命,那么按照本性度过留给你的时日。[1]

——马可·奥勒留(Marcus Aurelius)

本·威尔森(Ben Willson)怀揣着自由的梦想移民到美国。他成为一名企业家,业务不断扩大,随之而来的责任也增加了,每天要工作18个小时。

他说:"起初,我乐在其中,所以不觉得自己是在工作。但是很快,这种感觉就消退了。我的客户越来越多,问题也越来越多,我开始力不从心。我开始沮丧,心情跌入谷底,那是我人生中的至暗时刻。我不想再在这个行业继续下去了。我希望有人能够将我踢出我为自己建立起来的工作体系。我任凭业务自生自灭。"

本后来体会到了时间翻转带来的快乐,他打破了他早期形成的业务模式。他说:"我想快乐起来。我想一觉醒来感觉自己在帮助别人在事业上取得成功,我想成为创业精神的拥护者。我开始重新思考如何花时间来打造事业。我学会了如何分辨那些耗时的项目,然后避开它们。随着心态的转变,幸福感也随之而来。我现在有时间健身、写日记、和我的狗玩耍、远足、与妻子共度美好时光。"

他学会利用项目堆叠的力量,将各种目的项目合并起来,如此一来,在一个领域中有所行动,就能在工作和生活的其他领域中创造一系列预期结果。

本解释说:"我不再一天工作 18 个小时。我现在每天最多工作 6~7 个小时,但我的工作成果是原来的 5~10 倍。我现在有时间充分思考我的问题,而且对自己的人生有了清晰的规划,明确了自己的目标。换作以前,我一般会以为,我还要再等上 10 年才能实现我的梦想。"

实施时间翻转生活方式

时间翻转者利用我提到的项目堆叠、工作同步和专家招募的强强组合,使自己在工作和生活中掌握自主权。

1. 项目堆叠
2. 工作同步
3. 专家招募

这三个原则可以作为围绕目的因的战略护城河,保护和延长你的可用时间。

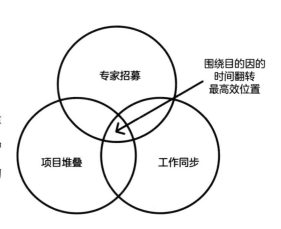

项目堆叠、工作同步和专家招募将改变你的工作方式，使时间自由不仅成为一种习惯（战略护城河），而且也成为一处可持续存在的栖息地（城堡）。

围绕理想的生活方式修建战略护城河

工作大致相同的两个人是如何过上完全不同的生活的？有以下三个原因：

- 优先事项：只有分清注意力的主次而非管理时间，好事才会发生。
- 实践：一旦把目标变成工作，梦想就变成了噩梦。
- 收入：你获得收入的方式决定了你是否拥有自主权。梦想的工作是让你获得自由。

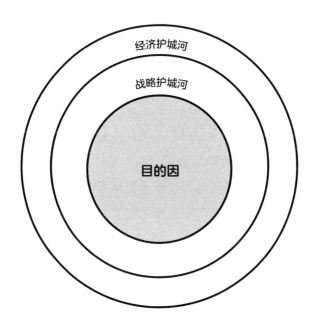

定义你的时间翻转项目术语

项目是有期限的。截止日期对项目至关重要，但是，项目经理时常会在不考虑共享资源或跨项目共享成果的情况下计划或安排项目时间表。

项目管理在执行战略方面声名狼藉，因为它没有考虑到与预期结果相关的战略意图或实施后果。传统的时间管理和项目管理往往（有时候是刻意地）安排几年的时间来实现一个宏伟蓝图，而这个蓝图原本可能只需要几个月就可以完成，甚至完全没有必要去完成它。一份永不完结的工作被认为会带来"工作保障"。

- 项目堆叠（连同工作同步和专家招募）使你能够通过合理的优先事项融合及项目重叠来同时完成多个项目。
- 优先事项融合是一门发现并设计优先事项的艺术，通过采取和目的一致的行动，你可以完成多项高价值成果。
- 项目叠加是指发现并设计两个或多个项目的内部联系，它的目的是执行和目标一致的操作，而无须为重复资源花费时间和金钱。

提高效率以及获得自主权和时间自由的关键是，利用你作为给予者的能量，创造性地帮助他人，而不是过度保护你的自我主义。要善用资源。人性就是力量，这听上去是很简单的一句话，但是很重要。发挥创造力，打破固有思维的限制。融合优先事项，叠加项目，节省时间，创造机会，发掘强大的生态系统，增加你的可用性、能力和自主权，为更多的人提供服务。

项目堆叠如下图所示：

项目堆叠

时间
→

时间管理   □□□□

时间翻转   ▯▯▯

就像多米诺骨牌效应，你推倒一张骨牌，其余的骨牌全都顺势而倒，项目叠加是流畅连贯的操作，做好一件事可以轻松完成许多重要的事。

> 21岁的时候，我问了自己一个转变性的问题，将未来的梦想通过项目堆叠的方式整合到我的日常生活中（尽管时间、金钱和资源都不充足）：
>
> "怎样才能现在就赚到钱，并且实现人生的意义，而无须等到多年以后？"
>
> 这个问题促使我接手了当时从事的项目。我想办法将它们融入我未来的梦想中，找到导师和资源帮我克服经验不足的问题。当然，这些"项目堆叠"围绕我的远大理想创造了一个新的工作环境和文化，使我可以进行尝试，从中取得经验，并最终取得了不错的成果。如果没有这么做，我还要等上几年甚至几十年才能取得这个成就。

注意方式方法，切勿盲目行动

项目堆叠结合线性思维和横向思维，产生了"时间同心圆"的复合效应。一个元决策在你的生活中心产生影响，并泛起一圈圈晕开的时间波浪，如同扔进池塘中的一个石子，激起千层涟漪。

沉迷于传统时间管理的线性思维，会使你迷失方向，受到狭窄视觉的威胁，大大减少了边缘视觉的机会。

做出项目堆叠的决定，采取深思熟虑的方法来实施它，将优先事项放在首要位置和中心位置，而不使其陷于背景噪声中，能使你摆脱干扰，行动起来。

《从优秀到卓越》的作者吉姆·柯林斯（Jim Collins）曾说，他从管理顾问大师彼得·德鲁克那里学到，能用一个决定解决的问题，就不要做一百个决定。[2]

吉姆·柯林斯解释道：

"在德鲁克看来，我们很少面临独一无二的、一次性的决定。任何一个好的决策都有间接成本：它需要经过争吵和辩论，需要思考反省和集中注意力，并且耗费精力，这样才能保证出色的执行。因此，考虑到间接成本，我们最好能精减决策数量，做出一些普遍适用于大量具体情况的少数几个重大的通用决策，并在其中找到一种模式。简而言之，就是从杂乱无章中找到通用模式。想想看，这就好比沃伦·巴菲特做出投资决策一样。巴菲特知道应该忽略绝大多数可能性，将它们当作背景噪声直接过滤掉。相反，他做出了少数几个重大决定。比如，从以非常便宜的价格购买业绩平平的公司，转向以高价格购买盈利巨大的公司。然后，他一次又一次地复制这个通用决策。对德鲁克来说，那些领会到了巴菲特的要点，即'不随意采取行动可能是非常明智的行为'的人，要比那些做了数百次决定但是毫无条理的人，做事要有效得多。"

将项目堆叠起来，这样就能一举多得，一个决策就可以完成多个优先事项需要做出的上千个决策的工作。

最终，它将你生活的优先事项有机结合起来，而不是使它们彼此孤立。项目堆叠从整体上看待目标的优先顺序。按部就班地完成一件事后，再去做另一件事，这是维持现状的线性思维，它不仅耗时，而且通常没有必要。

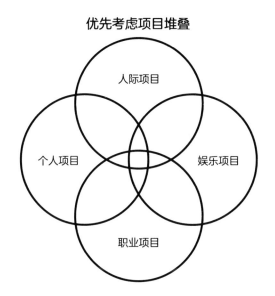

不要多任务处理，要项目堆叠

项目堆叠不是多任务处理。

- 项目堆叠帮助你完成一件事的同时完成其他很多事。
- 项目堆叠使你摆脱内心空虚的痛苦。

- 项目堆叠使生活和工作融为一体，帮助你实现理想，无须妥协。
- 项目堆叠使你在工作中实现许多高价值目标，同时在你的家庭（或任何地方）创造大量的、高价值的可用时间。
- 项目堆叠可以帮助你启动、调整和精简项目。

项目堆叠创造了一个密切联系的网络，而多任务处理做不到这一点。

埃隆·马斯克（Elon Musk）的三家公司——特斯拉（Tesla）、美国太空探索技术公司（Space X）和美国太阳城公司（SolarCity）就是众所周知的项目堆叠案例。乍一看，这些公司截然不同，并且毫无关联，但是仔细探究，很显然，这三家公司的三个项目被堆叠在了一起，相互依存。

据说，马斯克"将这三家公司视为一个互联网络，以确保三脚架的每条腿都能为另外两条腿保驾护航"。这三家公司互帮互助，共享技术，共同为马斯克的整体设想贡献力量。

但是，即便你不是埃隆·马斯克，你也可以进行项目堆叠。

项目堆叠将项目结合在一起，以实现一个更宏伟的蓝图。

只要项目之间通过目的契合而和谐共存，这一切有可能实现。一个项目的成功会以星火燎原之势，点燃其他项目的成功。但是，一个项目的失败并不会连累其他项目，因为它们相互依存，又各自独立。

项目共生使得堆叠后的三个项目，比三个单独的项目执行起来更有成效，而且还可以节省时间，因为整体大于部分之和。

如果应用得当，项目堆叠将帮助你实现最高目标，而无须在次要任务上浪费时间。但是，必要的任务仍然可以通过消除、委托或外包得以高效完成。这样一来，你将释放你的时间，只做你想做的事情，这会增加你的可用时间，让你做喜欢的事情（或者什么都不做）。

你会用刚获得的自由时间做什么呢？对雄心勃勃的人来说，他们的目标将变得包罗万象。你将有时间探索你的新想法、帮助他人、与家人共度时光、旅行、在目前的工作上提高效率，或者创建新的项目。

拥有更多选择的自由带来了一个新的问题：当你有大量的选择时，你会怎么做？无论你做什么，这都是一种选择。而且，你已经创造了一种环境，使自己可以在履行高优先承诺的情况下做出这些选择。

创建一个互联的保障系统

凯拉·波尔森（Keira Poulsen）遭遇过一次巨大的不幸。往事涌上心头，令她痛不欲生，几近崩溃。

凯拉说："但是，在面临生死抉择时，我还是选择了活下来。我选择了尽情拥抱生活，去做我想做的每一件事。后来，我创办了一家为女性服务的出版社，但是它发展太快了，作为五个孩子的母亲，我不知道怎样去兼顾出版社和家庭。工作慢慢占据了我的生活。我的收入开始减少，因为我已经筋疲力尽。"在这种情况下，凯拉决定改变公司的经营方式。

她说："我的原则是，围绕我的家庭经营事业，而不是反过来。"她制定了一个正向的约束条件，那就是，每天下午四点前结束工作，这样她就可以在孩子们放学后陪陪他们。她还改变了定价和报价方式，以体现她对时间以及对自己所提供价值的重视。凯拉利用项目堆叠将家庭优先事项、公司优先事项和她的个人优先事项互相联系在一起。她有效地创建了一个将时间最优化的"项目三脚架",使她的生活保持稳定,精力保持集中。

凯拉说:"我的月收入一下子从 3 000 美元增加到 11 000 美元。家庭关系变得融洽了,我的工作似乎也在各方面反映出这一点。过了仅仅 9 个月,我就第一次实现了 70 000 美元的月收入,这是我最轻松的销售月。这个原则被一次又一次地证明是正确的。"凯拉为了尊重她与家人、客户和个人相处的时间而设立了约束条件,这使她能够为大脑留出空间,想出创造性的解决方案,帮助她现在就过上了比她想象中的未来更理想的生活。

通过时间翻转心态的透镜,你的优先事项可以以一种互锁互联的保障系统彼此重叠(而不是一系列彼此孤立的权衡让步),从而通过项目叠加获取金钱,创造意义。

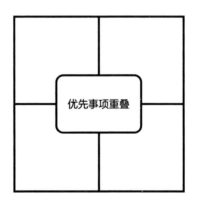

项目堆叠是思想的延伸

史蒂夫·乔布斯(Steve Jobs)将项目作为他众多想法的一种延伸。据达顿集团(Darton Group)报道:"尽管人们普遍认为,乔布斯是一位技术大师和营销大师,但他之所以会取得成功,主要是因为,他在经营企业和将其产品推向市场时,采取了基于项目的思维过程。事实上,就如何执行项目而言,他可能是最卓越的企业变革推动者，最终不仅改变了商业界，也改变了我们生活的世界。"[3]项目堆叠让成功几率大大提升。

如果你想实施一个想法，那就开始创建项目。但是，如果你想像乔布斯一样，"给世界留下印记"，那就堆叠项目。项目堆叠是成功的加速器。

项目堆叠通过下面三种方式，帮助你立刻节省时间，并在未来创造时间，同时让你围绕"目的因"生活。

项目堆叠可以同时完成多项任务

当正确运用项目堆叠时，工作中大胆的根本性变革就会变成催化剂，加快解决工作与生活相结合的问题，同时完成多个目标，并进行时间翻转。切勿将项目堆叠与多任务处理混为一谈。项目堆叠是创造项目，使其为你进行多任务处理，而你本人无须进行多任务处理。多任务处理在很大程度上是分散的、个人的、需要多种操作的，容易分散注意力，减缓做事速度。项目堆叠将资源集中在共同目的上，让你不仅在不受干扰的情况下收获多方面成果，而且还能增强专注力，加速实现目标。

项目堆叠在目的重合的地方进行

比如，想象一下，如果我的四个优先事项及其项目分别是身体健康、与另一半共度更多时光、每月多赚 1 000 美元和做志愿者服务他人，那么我可能会问自己以下几个问题：

- 如何使这些目标重叠？
- 能否通过某件有趣的事将这四个目标结合起来一起实现？

- 如果我想带家人一起去旅行，包括途中徒步旅行、共度时光、服务他人，这同时也会激励我想办法赚更多的钱来支付旅行的费用，那会是什么状况呢？
- 如果我想到一种方法，可以间接获得收入，因此只要我愿意，我就可以以这种方式生活，会怎样？
- 如果我想到一种方法，可以直接从这些项目中赚到钱，会怎样？
- 如果有其他公司已经在做这件事了，那么我们可以进行任务匹配，通过合作的方式让我们的任务匹配他们的任务，那又会怎样呢？

混合项目，共享资源，以节省时间和创造意义，这种创造性思维过程是切实有效的。一个问题、一次对话、一个创意就能带来极大的改变。

时间翻转者避免了交易性的解决方案，寻求变革性的解决方案，同时解决未来的问题

每个解决方案都会产生问题。当你进行项目堆叠时，也要警惕它们产生的问题可能会叠加在一起带来更大的麻烦。没有人会希望自己出得龙潭，又入虎穴。

时间翻转者着眼于他们的目的，并通过项目堆叠来解决目前的解决方案所造成的未来问题。项目堆叠通过规避意外事件的发生，日复一日、周复一周、年复一年地为你节省时间。

当你以时间为目的进行项目堆叠时，你就能克服过时的、常规的、耗时的操作方式，从而获得战略性的、与目标一致的、能创造时间的自主权。

你创造的优先事项重叠越多，你的一个决定对各种梦想、所有优先事项、目标和生活方式的影响就越大。

梦想在期限将至时才算实现

对你来说，目的因项目可能没有紧迫性，因为它们没有亟待引起你的注意，除非最后期限迫在眉睫。设置最后期限对你来说是个不错的选择，特别当你是一个拖延症患者、"提前症"患者或完美主义者的时候。远大理想以遗憾收场，是最让人难过沮丧的。你只需要一个决定，就能将未来的遗憾变成今天的志在必得。

在这种情况下，项目堆叠可以通过减少拖延、提前和完美主义倾向，帮助你以更好的姿态应对新的现状。

当你以梦想为中心工作时，你会感到更有效率、更有主动权、更灵活，这种感觉很轻松。矛盾的是，当你意识到自己可以多么有效地利用时间，以及自己可以利用自由时间做多少事情时，你可能会感觉自己是个拖延症患者。你也可能会受到诱惑，而将时间浪费在瞎忙一气上，提前完成任务，或避免去完成最重要的任务和目标，并将其归咎于追求完美。

- 拖延症是冲动。
- 提前症是焦虑。
- 完美主义是逃避。

拖延症。不要冲动地去做优先级比较低的任务，而避开优先级较高的生活方式，如同晚饭用面包填饱肚子，而错过了主菜。相反，要利用拖延症来发挥你的优势。记住：拖延症患者在截止日期即将到来时，比任何人都更有效率。

提前症。不要为了看上去有效率而表现得有效率。当你在无关紧要的事情上浪费工夫时，你就没有时间做要紧的事了。相反，当你先做那些重要的事情时，你就会有时间去做你想做的所有事情，这是一种让人耳目一新的生产力瀑布效应（Waterfall Effect）。

完美主义。很多时候，人们把拖延症的原因归咎于完美主义。然而，完美主义有其不同的目的。完美主义者希望把事情做完美。为此，他们会选择那些风险低、马上就能做好的任务，而不是从事大型项目，因为这些大型项目需要更多的时间和精力才能做好，所以他们想将其留到最后再做。

完美主义者会掉入一个陷阱，他们会选择去做那些不太重要的、容易的、现在就能做好的事情，而不是去实现他们的梦想，因为梦想中的事情不容易做得完美。然而，没有什么是完美的，因为完美总是在来的路上，这使得完美主义更加耗费时间。

不完美主义者比完美主义者能做出更多完美的东西，因为他们有更多机会去尝试。完美源于不完美。在项目堆叠中，要注意通过多产来创造完美，而不是抛光、打磨轮廓。

要做好准备，但不要过度准备

过度准备是用心良苦的败笔。它使你一生都无法做成想做的事。

为什么不如你经验丰富的人，却在做着你希望能做却没有做的事情？

过度准备者失败的原因之一就是，他们寻求确定性，害怕不确定性。但是，生活中最确定的东西是我们为自己建造的牢笼。当你看着你的最优先事项时，想一想过度准备会使你一生都无法做你想做的事情，你就会马上行动起来。

> 生活中，确定性的对立面被称为自由。
>
> 想要自由，就要甘愿将生活推至不确定之处。

- 有效力。不再假装清楚自己在做什么，你就会知道该做什么了。
- 有效率。以一个初学者的心态持续学习，将接下来的生活过成最好的生活。
- 有效果。展望一下你期望中的未来，现在就将其最重要的要素带到眼前，从这种能量向前出发，你就能以时间为目的采取策略。

目的因与最终效果之间的关系是有效性。

项目堆叠就如同那块关键的多米诺骨牌，使你要做的（和想做的）其他事情有序落实。同样，也想想第一张多米诺骨牌后面的空间，那里空空如也，不会有任何骨牌落下。保持这个空间开放、干净，并为有意义的自发性与可能性保留空间。

人生苦短，生命无常，不要闭关自守，错过了那些超乎你想象的美好。

效能主义。将优先项目整合在一起是有效力、有效率、有效果的做法，而且它还可以更好地测试、实践和证明你的想法。项目的美妙之处是它有开始，也有结束，你不必承诺永远。

在项目堆叠中，你可以在未来到来之前就品尝到它的滋味。当你开始在当下按照理想来生活时，你可能真的喜欢你的理想，因此会加倍努力。或者，你可能体会到，这个理想并不像传说中的那样，并不是你真正向往的，那就及时止损，这可能会为你省掉几十年朝着错误目标白忙活的时间。

> 所有优先事项和谐共存,这并不是妄想;
> 当你摒弃了预制的时间安排时,它就会实现。

不要再等待。如果你一直将梦想过度复杂化,就永远无法品尝到梦想的滋味。你可以的。深吸一口气,通过启动并堆叠项目来尝试眼前的梦想。将个人幸福与职业幸福结合起来,而不是让它们彼此隔离,这是一种有机的、自然的生活方式,也是企业式时间管理无法实现的方式。

像拼乐高一样,将项目堆叠起来

也许,项目堆叠最杰出的范例出自被称为"巨石强森"的道恩·强森(Dwayne Johnson)[4]。强森已经成为有史以来收入最高的演员之一。但是,他并没有止步于此。他围绕自己的兴趣成立了几家公司,凭借他的资源来帮助他人。他分享的所有帖子几乎都包含了他的许多项目,借以对项目进行推广、融合或以某种方式同时连接起来。他用元价值使这一切都抱团在一个保护伞下。

谁会想到迪士尼电影、龙舌兰酒、运动服装品牌、功能性饮料、训练鞋、即将上映的电影、制片工作室、电视连续剧、健身以及与家人在夏威夷一起享受美好时光会有什么关联呢?它们本来没有,但是,强森用"巨石强森"这个"连接器"将它们联系在了一起,项目是他的生活方式的一种延伸,可以像乐高一样无缝地进行连接、加高,或堆叠在一起。

堆叠时间

不要再为一些鸡毛蒜皮的小事费神了。想一想你现在正在进行的项目：

- 如何将项目堆叠起来，使效率是之前的两倍、三倍、一百倍甚至更高？
- 如何基于共同目标重叠并整合项目？
- 如何去做手头的事情，才能在以后创造更多的时间？

时间翻转者的目标是，
让事情运转起来，而不用事事亲力亲为。

堆叠你的项目

项目堆叠结合各种资源,帮助你以时间为中心修建一条护城河。

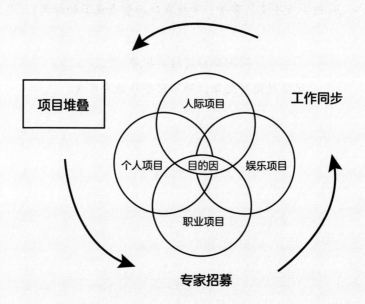

项目堆叠使你拥有工作和生活的灵活性,帮助你此时此地就实现目的因,而无须等到多年以后。进行一项工作时,如果你用心在做,你就能找出解决办法。但是,你也会发现一堆错综复杂的问题,这些问题可能是你多年来一直以线性方式工作所造成的结果。

进行项目堆叠,改变工作方式:

1. 项目堆叠:看一下你的四个目的因项目。

2. 厘清当下时间:为了完成这些目标,你可以将哪些任务结合起来,以省掉重复的多余步骤,减少时间浪费?

你的目标是,找到那些按照原计划要独立完成的任务,将它们集中在一起，使你只做一项工作就可以同时完成多项任务，这就像工作投入得到的复利回报。

3. 理顺未来时间：现在，检视并思考你的四个目的因项目，其中的任务在何处可以重叠？哪些工作是可以合并进行的？

4. 堆叠目的因项目：根据第三章，为四个项目各自做"城堡—护城河"练习。

5. 堆叠：看看你刚才完成哪些步骤，如果你按照步骤做对了这项练习，你就已经减少了完成目标所需的步骤了，并且已经决定了你可以做什么。你已经为你的城堡打好了地基，开始围绕着梦想修建战略和战术护城河，消除、委托和外包你不想做的事情，这样你就能灵活地专注于你最擅长的事情。

你已经将你的任务合并起来，如此一来，一个选择就可以有目的地、积极地影响许多目的因结果。

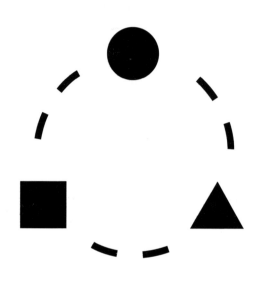

工作同步

第五章

工作同步

如何使工作与生活同步

你必须着眼于整个人生,而不仅仅是你的职业生涯或个人生活。这是一个完整的人生,每一个部分都必须各就各位。[1]

——艾莎·埃文斯(Aicha Evans)

飞到亚利桑那州北部的一个偏远地区上空时,他们的双座螺旋桨飞机燃油殆尽。太阳已经落山,天色越来越暗。

那是20世纪40年代,当时我的祖父母开着飞机兜风。这对年轻夫妇喜欢一起飞行。只是,这次飞行遇到了问题,燃油泄漏了,可是他们无处降落。

即使能在松树间找到空地,他们也无法保证安全着陆,因为天太黑了。

这时,他们发现远处有一家快餐店。

他们心中顿时有了主意。

通过无线电通信,让顾客将他们的私家车沿着那条小土路排成一排,亮起大灯,这样他们就可以着陆了,这个办法怎么样呢?他们正是这样做的。

我敢说，如果他们没有如此幸运，而且懂得善用资源，就不会有我降生到这个世界上了。

同步需要善用资源

有时候，如果没有出现紧急情况，我们都不知道自己善用资源的能力有多么强大。

在日常生活中，我们往往低估了符合我们优先事项的资源，以至于我们经常绕圈子，耗尽燃料，而我们原本可以统筹一种方法，赶在晚餐前安全降落。

工作同步如下图所示：

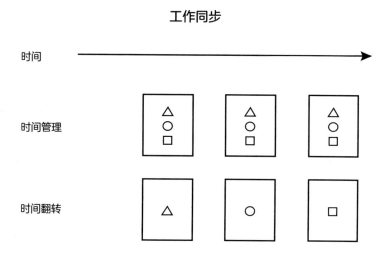

使工作与生活同步

你是否工作了一整天，却感觉什么都没有完成？

工作同步通过将你的注意力与你的优先事项在最合适的时机进行同步，提升你的做事效率。

不管资源多么丰富，你何时以及怎样使用工具和创造力来实现目标，才是奏效与否的关键。

目的与有目标的。一条小土路、餐馆里的收音机和开车的顾客的目的并不是为了方便飞机在黑暗中降落。但是，当我的祖父母赋予了它们这方面的意义并将其统一起来完成一个共同目标时，这些资源就变得"有目标"了。

如果没有将意义与愿望同步，目的是没有目标的。

有目标的生活比带有积极意图的生活更有意义。

- 有目标的生活体现在思想、行为和方向上的任务一致性。
- 工作同步需要悟性、注意力、目标一致。
- 工作同步看起来像是创造性地将有目标的资源结合起来，以完成你的优先项目。

有时候，有目标的资源随处可见，但是它们往往看起来不相关，你需要以开放的心态，创造新的想象空间，进行项目创新。

你梦想的目的是什么？

工作同步从一开始就将目的植入你的梦想文化中，作为一个有意识的决定，使你的梦想及其实现过程与目的相一致。

为工作同步创造空间

有什么唾手可得的东西，它其实是一种资源，却没有被利用，因而阻碍了你前进的步伐？

摆脱阻碍既不是一门艺术，也不是一门科学，它只是一个决定。你可以通过忘掉你的所学，重新学习学过的知识，或者学习一些新知识来创造空间。你可以从目的因出发创造空间。在工作和生活中，无论你崇尚极简主义还是极繁主义，你都应该做出能使你达到目的的决定。

工作同步就是，此时此地就到达你最想创造的空间（精神上、肉体上、情感上、经济上、社会上，等等），从一开始就创造你梦想的本质。从目的因开始行动，在工作同步和意义制造上创造深度和广度。

不知道在哪里同步时间时，宁可多做一点，也不要做错。

如何同步注意力、优先事项和时间

第一架跨越美国的飞机用时49天，比原计划多了19天。

1910年10月，飞机刚面世8年左右，出版业巨头威廉·赫斯特（William Hearst）宣布设立赫斯特奖，奖金是5万美元（按照现在的货币计算超过了100万美元），用于奖励截至1911年11月（一年时间），在30天内完成从美国东部大西洋海岸飞到西部太平洋海岸的第一位飞行员。

卡尔·罗杰斯（Cal Rodgers）[2]认定这次冒险值得花时间一试，但是要参加这个项目，他面临着两个问题：一个是他没有飞机，另一个是他不知道如何驾驶飞机。

让我们来看一下罗杰斯的协调方式，他将想法、人力和物力结合起来，使注意力和愿望同步，去完成他的目的因。

1. 没有设备。没有仪表、仪器或机场塔台来指引他飞行。

2. 不懂飞行知识。他不知道如何驾驶飞机，所以他在比赛日期前仅有的几个月里进行了学习。

"1911年6月，罗杰斯花了90分钟接受了奥维尔·莱特（Orville Wright）的指导。这是他作为飞行员所接受的全部培训。"

3. 没有飞机。他没有飞机，所以他参加了一项比赛并获胜，赢得奖金后购买了一架飞机，成为第一个向莱特兄弟购买飞机的普通市民。

"1911 年 8 月，他在一场空中耐力赛中完成独自飞行，赢得了 1.1 万美元的奖金。他用这笔钱买了一架由莱特 B 型飞机改装成的 EX 型飞机。"[3]

4. 没有钱。他需要更多的钱来进行跨美国大陆的飞行，所以他找到了一位赞助商，用一种新款 Vin Fiz 葡萄汽水为飞机命名为"Vin Fiz 号"。

"罗杰斯在奥格登·阿穆尔（J. Ogden Armour）那里拉到了赞助。这位肉类包装巨头想推广一款新的葡萄汽水，他提供赞助后，第一个空中广告牌诞生了。"[4]

5. 没有团队。他需要一个地面支援团队，因此就用葡萄汽水的赞助金来雇用团队。

"飞行需要大量的零部件，包括机翼和主要机身部分，以及由机械师和幕后人员组成的团队，这些最后装满了三个机舱。"

6. 失败。1911 年 9 月 17 日，卡尔·罗杰斯从纽约州起飞，飞往加利福尼亚州，但他在第二天就坠机了。

9 月 17 日，拿到飞行执照后的第 41 天，卡尔·罗杰斯在离纽约长岛不远的羊头湾赛道组装好"Vin Fiz 号"。一大群人聚集在现场观看，其中大多数人对这次飞行持怀疑态度。

罗杰斯设法飞行了100多英里，降落在了纽约米德尔敦的一处空地上。第二天早上，"Vin Fiz号"在起飞时被一棵树绊住，飞机受损，罗杰斯也受伤了，而这只是沿途许多事故中的第一次。他们对机翼和机身进行了修理。罗杰斯的头部也得到了治疗。几天后，"Vin Fiz号"继续飞行，最终在三周后抵达芝加哥。

7. 目的。卡尔·罗杰斯不可能在30天内完成从大西洋海岸到太平洋海岸的飞行目标，但是这个目标并不是他的目的。事实上，他随身带了拐杖，准备好了要迎接一切挑战——时间翻转也会有起有落。

30天的最后期限越来越近，很明显奖金是拿不到了。但是，罗杰斯想完成飞行，决定与随行的机械师和后援团队坚持下去。11月5日，飞机最终顽强地降落在加利福尼亚帕萨迪纳的指定目的地。而在此之前，这架飞机经历了70多次停飞，每一次都严重到有可能会导致飞行计划的终止。

在飞行途中，罗杰斯进行了15次以上的迫降，本人也多次去过医院。飞机被修理和重建了很多次，以至于实际上到达加利福尼亚州的飞机已经几乎不是原本那一架。罗杰斯也多次受伤：在亚利桑那腿部骨折，气缸爆炸后碎片插进脖颈，还有数不清的割伤、擦伤和瘀伤。

8. 目的因。比赛的奖金激励和最后期限让他开始行动，但目的因和工作同步帮助他完成了梦想，他一直坚持的梦想就是从大西洋飞到波澜壮阔的太平洋。

事实上，罗杰斯无论是坠落在一个养鸡场，试图阻止搜寻纪念品的人拆毁他的飞机，在田地赶走奶牛，在没有灯光时尝试着陆，在沙漠里将飞机徒手推行数英里，还是让医生从他的身体里取出钢铁碎片，他都在传播着快乐，因为他热爱这个飞行过程，并在实现着他的梦想。

"卡尔越来越清楚，自己不可能在最后期限前到达太平洋。但是，卡尔没有认输，而是继续前行，并于10月8日抵达芝加哥。为了表示庆祝，卡尔还为乔利埃特监狱（Joliet Prison）的犯人们表演了一场特技飞行。抵达密苏里的马歇尔县时，他已经飞行了1 398英里，打破了当时飞机跨洲飞行的世界纪录。他再次表演特技飞行进行了庆祝。"

当卡尔·罗杰斯降落时，帕萨迪纳的一家报纸报道了他的感言："我没觉得有多累。综合来看，这次飞行并不艰难。我相信不久后，我们就能亲眼见证，这次飞行会在30天，也许更短的时间内完成。我在比赛的任何阶段都没有担忧过，甚至在看上去溃不成军的时候，我也丝毫没有想过要退缩。我知道，我会克服一切困难，抵达目的地，哪怕只是为了让那些嘲笑我的人刮目相看。"

如今，如果飞机延误19天一定会让你十分沮丧，但是卡尔的这次飞行使得现在的飞机只需要几个小时就能完成同距离的飞越。卡尔·罗杰斯说："我希望有一天，我们搭载乘客从纽约飞到太平洋海岸只需要三天。"

这就是同步的目的。

时间是相对的。意义是主观的。有目的地生活是一种选择。

关注愿望是好的，但是，只有将思想和行动与目标同步，做有价值的工作，有意义地支配时间，才会实现目的因。

工作同步不仅仅是一种战略或一套战术，它是一种生活方式、一种操作方式，从心态上提高你的生活质量。它是一种选择。

据说，有两万多人聚集在帕萨迪纳，等着目睹卡尔·罗杰斯完成任务。当他着陆时，飞机大部分原件可能已经被替换掉了，但是保持飞机的光鲜并不是他的目标任务。

美国航空模型协会（Academy of Model Aeronautics）这样报道："人们将美国国旗围在了卡尔身上，开车载着他穿过城市，数千人欢呼雀跃。这是当之无愧的英雄欢迎仪式。更重要的是，这次飞越是由飞机完成的。卡尔·罗杰斯实现了他的梦想。"[5] 就像人们聚在一起等待日出日落，他们团结在一起，启动并完成一个梦想项目。

将思想和行动与方向和决策同步

工作同步是目的因的延伸，因此，你可以对工作进行精简和创新，以节省时间和精力，实现你的优先事项，并让其他志同道合的人也参与进来。

工作同步使思想、行动、方向与意识、注意力、目的一致相符合。

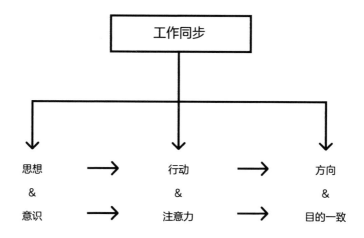

杰夫·贝佐斯有个"影子顾问"

亚马逊成立 27 年后，杰夫·贝佐斯（Jeff Bezos）卸任首席执行官一职，由安迪·贾西（Andy Jassy）——贝佐斯的"影子顾问"

接任。

《纽约时报》报道说:"在2002—2005年担任贝佐斯行政助理的安·希亚特（Ann Hiatt）告诉我们,贝佐斯先生走到哪儿,贾西先生就要跟到哪儿,包括陪同参加董事会议、旁听他的电话会议。她说,这样做的目的是,让贾西先生成为贝佐斯先生的'第二大脑',然后他就可以挑战老板的想法,预测并帮助解决老板的问题。"[6]

要知道,当你将大脑外包出去时,你就达到了生产力的巅峰。言归正传,专家招募既是思考结果,也是思考过程。能有一个伙伴、导师、替身、顾问或者教练分享你的想法,那对你来说将是一个极大的优势,尤其当你最终将这个人培养成可以取代你的角色时。

将高强度的筹划应用于工作同步

约翰·李·杜马斯（John Lee Dumas）是我的一个生意伙伴,也是以创业为主题的全球顶级播客,他每天都会发布一条播客。约翰是一个超级大忙人,或者至少我是这么认为的。因此,当他告诉我他有多少空闲时间时,我震惊了。

他怎么可能有时间每天进行采访、录音、编辑和发布新作品？他确实没有这样做。

- 约翰每天录制15段作品,每个月只录制两天。
- 每个月剩下的28天就是他不用做播客的日子。

与传统项目执行中常见的增量和线性方法不同,同步的工作被压缩到高强度、高度集中的时段,此时,工作甚至可以以非同步的方式完成。

工作同步与批处理不同,因为有些人在批处理工作时,并未将工作与时间、优先事项或整体目标同步，导致可用时间或生产力并不比一般的工作日更多，而有效的工作同步的结果是拥有更多的可用时间。然而，矛盾的是，许多同步时间的人，却将他们创造的额外可用时间，用在了更多的工作上。但是不管怎样，如何支配你的额外时间，取决于你自己。

筹划工作同步包括选择、设计、变更或调整工作，制造空间，使你能够以期望的方式支配时间。

> 为了加强工作同步而筹划工作意味着，
> 要勇于围绕心中所想设定界限，
> 使工作有足够的灵活性来保障你的目的。

我的工作是远程完成的。我将工作同步到不同的时间段，从大型整体项目中包含的小项目开始。比如，去国外旅行时，我会设法通过工作同步安排会见时间。通过旅行中的工作同步，在一周内，我可以同时约见很多人，而平常这些人需要一年多才能见完。如此一来，我就能把剩余的51周攒起来了。有时候，我还会通过举办见面会和堆叠优先事项来增加工作乐趣。

生产力的结束标志

企业文化是99%的工作信号加上1%的工作。

我问过一些高管，他们对我所谓的工作中"生产力的非生产力标志"（比如，在办公室工作到很晚以表现出工作勤恳，但最好的表现明明就是按时完成工作）有什么想法。

一位《财富》100强公司高管的回答让我大吃一惊：

"我带着一个180人的团队,经常有员工试图(直接或间接)让我知道他们加了多少班,好让我知道他们工作很努力。我欣赏他们的忠诚和奉献精神,但是,我并不认可他们的效率,也并不觉得他们为公司贡献了更多。他们不明白的是,每每此时,我都在想,是不是他们工作慢吞吞,工作能力不足,还是在需要的时候没有寻求帮助,所以才需要加班来完成工作?"

另一位高管跟我分享道:

"有员工认为,加班越多越光荣。我只得告诉他们,如果再发生这样的情况,我会开除他们,因为加班只能说明他们不能胜任工作。要是员工也能明白一个道理就好了,那就是,他们完全可以通过减少工作时间、提高效率来取悦老板,也使自己回归生活。"

生产力的标志是,几乎不加掩饰地试图不工作,但看上去工作很努力。工作同步并不是要误导别人,也不是要通过办公室斗争赢得领导的青睐。道德上的权威不能通过形式主义获得,而是靠实力争取。

工作同步让你在最有用的时间里做最有用的事,以产出最高价值的效用。

卡尔·纽波特(Cal Newport)在他的《深度工作》一书中,研究了沃顿商学院教授、畅销书作家亚当·格兰特(Adam Grant)的工作流程。[7]纽波特发现,格兰特"将他的教学工作攒到秋季学期进行,在这个学期,他将所有精力都集中在认真教学上,将时间留给了他的学生。然后,在春季和夏季,他便可以全身心地投入研究中,如此一来,便可以大大减少研究过程中的干扰"。实际上,当你的工作被优先安排、堆叠、同步时,你的时间就被组织起来了,这样你就可以将精力集中到需要的地方，以减少来自其他方面的干扰。

无论你从事什么工作（或以何种方式改变职业性质），在思考时都要富有想象力，使工作与最佳工作时间同步，以保护你的自主权，实现目的因。

工作同步需要勇气和创造力，但是，你可以通过努力，有意识并循序渐进地做出一些小的改变，最终产生一些大的不对称的影响。

当你可以自己决定工作时间和工作内容时，你就会对自己也对合作伙伴产生深远的、有意义的影响，从而帮助那些需要你的人。

工作同步可以协调（并且堆叠）你的各种项目，
使你获得宝贵的时间复利。

不工作的时候做什么

有时候，我们会因为自己有额外时间或可用时间而深感内疚。

在许多方面，工业革命及其余波，甚至我们现在接受的教育以及衡量方式的设计初衷都是为了故意使我们保持工作状态。如果没有这样做，我们就会对自己的空闲时间感到焦虑。

- 后工业时代的生活意味着，让机器人做机器人该做的事，而人类则专注于人性上。
- 如果你不喜欢做单调的体力劳动，那就做点别的。
- 储存幸福，保持谦逊，而不是搞工作信号的零和博弈。

有时候，我们觉得自己必须要用一些别的事情去填满每一分每一秒，于是工作的时候想早点回家，回到家却心系工作，使自己倍感压力。

> 时间翻转并不会告诉你，
> 利用自己的时间做什么是对的，做什么是错的，
> 而是帮助你在你选择的范围内更精准地创造时间。

有一个词可以形容那些不喜欢在画布上留白的艺术家，这个词就是"留白恐惧"，意思是"害怕或不喜欢留下空白，特别是在艺术创作中"。这是对空虚的一种恐慌。这些艺术家觉得必须要用细节填满每一处"空间或艺术作品的表面"。当你用"时间和工作同步"创造空间的时候，你可以选择以你喜欢的任何方式来享受这段时间，无论是个人追求、职业追求、陪伴爱人、什么都不做，还是去做任何你想做的事情，这就是时间翻转的美妙之处，它意味着更多的灵活性。

停止"幽灵行为"

我所谓的"幽灵行为"是指采取了本不应该采取的、不必要的步骤（"幽灵步骤"），并因此陷入痛苦的僵局，过上幽灵般的生活。"幽灵步骤"的不可思议之处在于，我们根本无须列出清单，因为当我们步调不一致时，我们仅凭直觉就知道自己采取了"幽灵步骤"。

"幽灵步骤"制造了一种假象。

米歇尔·乔根森博士（Dr. Michelle Jorgensen）说："我在事业上取得了成功，但这一切都是因为多年来的埋头苦干。我牺牲了家庭时光、健康、睡眠，等等，而这一切的付出都是为了获得一种奖励，但是，当我最终得到它时，却觉得这看起来不像奖励。我很擅长列清单，长长的清单！我觉得这样就可以掌握生活的主动权。"米歇尔是成功的，但是她列的清单制造了一系列不必要的步骤——

"幽灵步骤"。

因此,米歇尔后退了一步。她确定了目的因,然后消除、委托、外包她长长清单上所有和目的因不一致的事项。她删掉了"幽灵清单",转而将她的目的完全同步于工作和生活,以获得更大的自主权,实现目标。

米歇尔意识到,即使不亲力亲为,她仍然可以完成所有的优先事项。她说:"我没有必要将那些事情直接从我的生活中抹去,但是我也无须亲自去做。这为我留出空间,让我听从内心的召唤去做我想做的事,而不是疲于奔波。"通过消除"幽灵步骤",她得以将更多的精力投入她的人生使命中,为其他追求创造空间,否则她将不会有时间做到这一切。

事实上,米歇尔有一些在脑海中存在了很多年却一直没能付诸实施的想法,她决定换一种方式将这些不同的想法变成现实。她说:

"我已经完成了我的第三本书,还有两本也将在接下来的两个月内完成。我有一个不断壮大的社交媒体平台,同时正在启动一所烹饪学校。我有时间陪伴家人,在我的宅地那里创办了一个教育中心,让我的家人帮忙经营,帮助我的孩子们实现他们的梦想。这一切都没有妨碍我全心全意地经营我的业务。这是如何做到的呢?因为我专注于生活,我在认真生活,而不是为了成功没日没夜地工作,任凭时光悄悄从我身旁流逝。而这一切的收获是……我比自己奢望的成功更成功。"

幽灵般的生活(以及因其导致的痛苦)看起来就像是在做一些没有必要做但你认为需要做的事,这使你在为了成功没日没夜地工作时白白与生活擦肩而过。这并不是说,在你做出选择或出于需要(情况各不相同)的时候,你不能为了成功而夜以继日地工作。工作同步是在人生的各个阶段都要关注你的工作方式，理解哪些事情是重要的，哪些事情没有基于目的因和工作同步的方式进行。

米歇尔将目的因与她的工作同步，并能专注于工作、生活以及人生的真谛，并将其延伸到她的梦想中。反之，如果她没有这么做，梦想可能就会像幽灵一样消失在生命中。

> 时间翻转：首先是目的，其次才是过程。

克服"幽灵步骤"：什么是"幽灵步骤"，以及如何克服

"幽灵步骤"可以表现为待办事项清单，也可以表现为完全不必要做的重大项目，以及介于两者之间的一切。

如果行动和目标一致，消耗时间并不是对时间的浪费。

时间管理中的"幽灵步骤"，是在根本不需要做的事情上进行衡量，试图在衡量的结果上提高效率。例如，当铲土的工作完全可以交给推土机去做的时候还要去衡量人工铲土的速度，或者意识到那个位置根本不需要挖一个洞，这些都是非常不错的机会来确定什么是"幽灵步骤"，需要停止做哪些事情。要确定采取"幽灵步骤"过程中所浪费的时间，你可以先问自己以下几个问题：

- 如果我只有一个小时来完成工作，我会做什么？
- 如果我每天只能工作一个小时，我会做什么？
- 如果我一周只能工作一个小时，我会做什么？

尽管你可能觉得它们似乎不太现实，但是这些问题既能帮你确定什么是真正需要完成的，也能帮你确定由谁来完成，帮你超越眼下的目标，实现最终目标。

事实上，如果你从工作同步的视角来看待这些问题，你可能会发现，通过合适的计划、协调和组织，你会像一个企业家、建筑师或设计师一样思考。你的关键作用是，确保方法途径被有条不紊地组织起来，以不完全同步的方式实现成功，而无须你亲力亲为。另外一个适用的问题会帮你理解"幽灵步骤"在哪里给你带来幽灵般的痛苦，将你带入了幽灵般的生活，这个问题就是：

这件事真的需要做吗？

要回答这个问题，你可以从以下几个方面入手，先问一下自己哪些任务、项目和你扮演的角色与你的目的因（城堡）一致，哪些不一致，然后进行相应的 EDO、项目堆叠和工作同步（护城河）。

> 如何衡量未来的成功，
> 对选择如何活在当下影响巨大。

同步工作，创造美好回忆

戴夫·洛厄尔（Dave Lowell）是一家传统财富管理公司的财务顾问，他负责为客户量身定制财务计划。

他在早晨见到孩子们之后，要等到他们睡觉前大约一个小时才能再次见到他们。他的妻子柯尔斯顿（Kirsten），一直梦想着能去护理学院深造，成为一名产科护士，但因为生孩子，也为了支持丈夫的事业，她暂且搁置了自己的梦想。戴夫意识到，他必须做出改变，但是却不知道如何能同时兼顾家庭与工作。

后来，他得到一个机会，成为一家公司的合伙人，以及坐拥高收入和股权。对这次机会进行了审慎调查后，他意识到，如果接受了这次机会，他一直努力争取的一切仍然还需要 10 年的时间才能实现。这意味着，他仍然没有更多的时间陪伴孩子，柯尔斯顿也不会有额外的时间和精力去做护理工作。看着他们的生活足迹，他意识到，必须要做出改变。于是，他辞去工作，开始创业。他希望能得到指点，帮他找到实现梦想的途径。

如果一个定制的财富计划无法创造财富，那要它何用？

戴夫得知，通过时间翻转，他能以任何期望的方式来创建一种商业模式，既可以服务客户，也可以满足自己的需求，并利用工作同步的原则来实现自己的梦想。

戴夫说：

"我专心创造我想要的生活方式，围绕梦想创建商业模式，这与我曾经计划的思路完全相反。如此一来，我马上就能创造我想要的生活，而无须再等待。我专注于在网上创造价值，然后与志同道合的人一起进行销售，并创造了一种情境，就是现在我所有的客户都是来自网站的潜在客户群。我过上了梦想中的生活。连续两年收入达到了六位数，一周大约工作20个小时。柯尔斯顿也开始在全日制护理学校学习，她现在是一名注册护士，正在努力完成她的学士学位。我现在花在孩子们身上的时间比以前要多得多。我们可以随时去旅行，我与了不起的客户一起工作，他们对我为他们所做的事情心存感激。如果没有时间翻转的力量，我永远都不可能围绕我的生活方式创建一种商业模式。"

回想往事，戴夫感慨道："我当时辞去了工作，所以理论上讲，我的收入为零。这会有风险吗？会的，一定会。但是有风险也要一试，生活中的成功从来都是伴随着风险的。你必须在自己身上下注。赌注不一定是金钱投资；也可能是时间或精力投资。但是，投资什么并不重要，重要的是你要足够相信，相信自己会有所收获。投资会改变你我。"

戴夫将重要的事情放在首位，继续进行工作同步。他说："我最大的孩子 10 岁了，我深感不安。那意味着再过 8 年，他可能就要离开家了。我只剩 8 年的时间将我知道的一切教给他。我们只剩 8 个足球 / 篮球赛季、8 个圣诞节、8 个暑假。这对我来说是极大的动力。我不想将这 8 年的时间只花在努力工作上，而错过了跟他相处的时间。"

你从事什么工作，做什么事，并不是你有多少可用时间的关键指标。无论喜欢一项工作与否，你如何去做，才是形成差距的关键。工作同步可以带来改变，这是一项值得关注的投资，为你和你最在乎的人提供更多的自主权和可用时间。

不要为自己打造一个更大的时间陷阱

将任务和目标与时间和资源同步，从一开始就消除了很多不必要的步骤。戴夫原本可能会很轻易地为自己打造一个更大的时间陷阱。

生产力并不是关于你采取了多少步骤或你工作了多长时间的问题。在很多情况下，1 小时全身心投入的工作可能等同于 8 个小时的例行工作。

- 与其年复一年地忙忙碌碌，不如直接将工作时间与最高效、最能好好利用的时刻同步，并配合你的职业工作的截止日期、个人目标和目的因。
- 将优先工作高度集中在一个时间段，这样优先工作就不会受到相邻工作任务的干扰。如此一来，后者可以被顺带完成，或者直接被略过，如果根本没有必要做的话。

- 将优先级高的任务同步到每天、每周或每月中最适合的时间段，这样可以避免在诸如任务转换这样的非必要步骤中浪费时间。
- 特别留心那些萦绕在你脑海中久久不散的想法。没有生命力的想法就像幽灵，它们不仅困扰着你，还时不时伤害你。

> 工作同步由内而外、由外而内地补救状况，
> 在你承诺要做的、你做的与你是谁之间压缩时间。

关键是，如果平日里一周五天的工作可以集中在一天内完成，你就会省下四天的时间，从而翻转了时间。并非所有的工作都能被压缩，但事实上，将优先级高的工作放在首位（而不是末位）将会避免任务切换等带来的时间浪费，扩展了你的心智带宽（脑力资源）。工作同步坚决且完美地消除了干扰和时间消耗，并在各个利益相关者之间建立起自信和团体信心。

"时间和工作同步"要点总结

你无须立刻现身某处去立刻完成某事。

- 不要等"进入一个区域"才具备生产力。扩大你的区域，使生产力在即使没有你的情况下也能发生。（不要让生产力等你。）
- 在个人生活中，生产力和成功的产物是有目的、有意义的生活（反之亦然）。
- 有目的地生活是一门艺术，在别人的选择影响我们之前，

我们先做出自己的选择。
- 生产力的标志并不是生产力本身。
- 成功的信号也不是成功本身。
- 获得资源和善用资源是两码事。
- 将目标与价值观同步，将优先事项与目的项目同步，这样就会创造时间，而不是消耗时间。
- 每个解决方案都会产生问题，所以你要解决你的解决方案在未来会产生的问题。
- 将控制权掌握在自己手里。如果你觉得已经失去了控制，就适当调整目的、保障优先事项，拿回控制权。

工作同步为你本人、你的想法、你的项目和你的梦想创造了一个合理的空间。工作同步是一个两全之策，它帮助你在提高生产效率、增加可用时间的同时，也实现了梦想。

这并不是让你为了实现目标走出舒适区，而是要扩大你的舒适区，将你的目标和谐地融入其中。

同步你的工作

工作同步帮助你精简资源,让你以时间为中心,建立一条护城河。

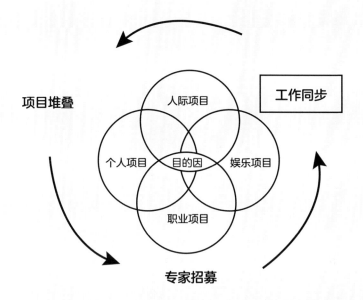

工作同步帮助你将精力优先放在高价值事项上,根据需要按日、周、月或年调整你的项目(以及相关的任务、目标和角色),以减少任务切换,保护你的时间,达到优化目的因的目的。

1. 确定哪些工作最容易同步到一起。

2. 同步工作。挑选一天/某段时间来完成你决定同步的工作,然后不再管它。

3. 回到前面,为你目前所有的工作和你的四个目的因项目来做这项练习。

4. 抵抗诱惑,避免质疑已完成的工作。这就像打开烤箱门看一下饼干烤得怎么样了,结果让烤箱的热气都跑光……请让工作自行烘焙!

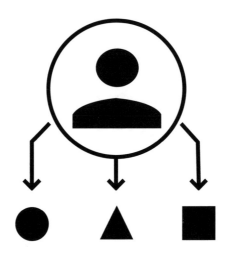

专家招募

第六章

专家招募

如何完成一件你并不知道如何做的事情

如果足够了解自己,你就会知道你需要在哪些方面变得更优秀,在哪些领域需要雇用比你更优秀的人。[1]

——阿莉萨·科恩(Alisa Cohn)

旧金山地底下埋葬着一些沉船。

每天,搭载成千上万名乘客的地铁都会在市场大街(Market Street)附近穿过一艘名为"罗马号"的三桅船。"1850年初,'罗马号'满载着49名乘客抵达旧金山繁忙的'淘金港',随行的还有装满瓶装啤酒和鲜猪肉的货舱。乘客们下了船,急匆匆地向山头进发去淘金。"[2] 淘金热将成群结队的人们从世界各个角落带到加利福尼亚州,也带去了成吨的船只,成为当时美国历史上最大规模的移民潮。

旧金山湾很快成为"桅杆之林"。船长和船员们也加入了淘金大军的行列。船长们带到船上的货物越来越难以从深水区运到岸边,因此政客们决定将水面划分成块,然后出售给那些愿意用土地来填平它们的人,以拉近海岸线与船只间的距离。

美国国家海洋和大气管理局（National Oceanic and Atmospheric Administration）的海洋考古学家和《淘金港》（*Gold Rush Port*）的作者詹姆斯·德尔加多（James Delgado）说："为了保住土地所有权，你需要在土地上建造不动产。你可以打桩，在一圈围起栅栏。但是最简单、最省钱的做法是借助一艘船。"[3]

旧金山海事国家历史公园（San Francisco Maritime National Historical Park）的园长理查德·埃弗里特（Richard Everett）解释道："如果你的船沉了，你可以将船下面的土地作为你打捞的一部分。"一些船被"故意破坏掉"，故意沉没在固定的位置，而状态好点的船变成办公室、旅馆、酒吧、银行、咖啡馆、教堂和城市监狱。还有些船被拆成零件，而有些船则被烧毁。[4]

随着时间的推移，有先见之明的人打造了许多船只，并置于旧金山的金融区或内河码头的地基之上。

虽然很少有矿工因为发现了金矿而一夜暴富，因为贩卖铲子（用品和服务）的人更赚钱，但是有远见的船长可以利用自己的船只获得有价值的土地。

船只就好比项目，它们服务于一个目的，直到期满为止。

项目就好比船只，它们可以承载任何你想要的东西，你可以将它们抛锚、沉没、烧毁、改变用途，或者以它们为基础创建别的东西。

需要注意的是，船长不造船，他们只负责让船在海上航行。

你可以终日造船，也可以终日航海，你也可以两者兼而有之。但是，航海无须懂得如何造船，造船也无须会航海。你可能不相信，事实上，很多水手根本就不会游泳。

在工作和生活中，同时擅长建造、航海和游泳是不错的，但是，无所不能往往也阻碍了无限的可能性，因为一位领导者或一个充满好奇心的创新者是生活在未知的未来里的。

你不需要弃船去寻找黄金,因为有价值的东西可能已经在你的船上了。但是,项目是服务于一个目的的。当一个项目服务于它的目的时,重要的是能习惯性地采取以下步骤,而不是随波逐流。

在你觉得自己的船被困在码头时,专家招募应该成为你的首选,因为你可以用自己的时间做一些对你来说更有价值的事情。

当一件事情更值得你花时间和精力去做,特别是当你也意识到这一点时,而你却还是一直在做另一件事情,这绝对是不尊重自己的表现。

专家招募如下图所示(不同图形代表不同任务):

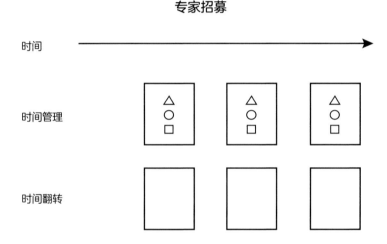

专家招募可以造福他人

专家招募将专家召集起来,以方便专业咨询,或让他们执行项目中的各种要素,以清除障碍,加速取得项目成果。

得到一份工作是将你的自由外包给一个老板,但是,创业是将你的自由外包给一百个老板。

时间翻转者不会草率地从一份工作跳到另一份工作,这样做并不会释放时间，只会带来新的问题。你无须牺牲自由来换取工作。你可以换一种方式，使自己在完成工作的同时，还可以继续拥有自由。

时间翻转者不会只为了成为管理者而将工作外包，这会引发一个听之任之、自我放纵的噩梦。每一个超级反派都是因为将自己当作对手。

时间翻转者本着互惠互利的原则让专家一展身手。专家是能够比你更好、更快，甚至更便宜地完成工作的人，所以你无须对他们进行微观管理。

专家招募的运作方式如下：

- 时间翻转者为明确的结果设定最后期限。
- 专家提供服务、软件、产品或其他资源，使目标得以实现。专家需要

  * 提交约定交付的结果；
  * 在约定日期提交结果；
  * 为约定的财务金额提交结果；
  * 在无监督的情况下提交结果，因为他们是专家。

当今社会，人才遍地，他们也在寻找独立生活的方法。你可以通过专家商务在全球范围内对优秀人才予以支持。

专家招募是一种有力的途径，可以帮助你重获时间，大大改善生活，改变你取得成果的方式。事实上，在专家的帮助下，你的工作会比你亲力亲为完成得更好，前提是你真的能自己完成的话。

不要舍弃你一半的生活

什么时候应该进行专家招募？

答案取决于你，但下面这个问题可以帮你做出决定：

我想用我的时间换取什么？

如果你可以更好地利用你的时间来做其他事情（不管你如何定义"更好"），为什么不进行专家招募呢？它帮你赢回的每一刻都会让你有机会恢复精力，然后，你可以最充分、最有效地利用好这一刻。除了帮你赢回时间，专家招募还可以给予你情感力量和精神空间，不让工作中持续的脑力劳动占据你的整个身心。

不要将时间花在不需要你的事情上，从而舍弃了你一半的生活。

想一想，在工作和生活中，你觉得你需要付出时间和精力才能完成某些事情，但事实并非如此，而且做这些事情的机会成本越来越高。你的生活方式表现为你每天所做的事，但是，当你不在场也能使这些事情顺利完成时，你就改善了自己的生活方式。

如果有专家帮你做，你可以完成哪些事情？

专家招募省掉培训环节

以下是传统外包的弊端：

- 太多的雇佣者外包工作时，不去找现成的专家，却特意选择那些相对没有经验的人，再对他们进行培训和管理。
- 选择用一个时间陷阱取代另一个时间陷阱，会使你的工作比开始时更难，更浪费时间，而不能达到零工作的目标。
- 在这种情况下，雇主可能要付出双倍的时间和精力，除非他们意识到，由自己亲自做这项工作效果会更好。

这种需要培训的外包过程对雇佣双方都没有好处。培训员工需要时间和场地。专家招募时，你想跟可以培训你的人合作。那些有经验的专家已经花了多年时间和大量金钱学习如何处理任务，并且知道如何比你做得更好，雇用他们的好处立竿见影，他们可以帮助你节省时间，同时省略了昂贵的培训环节。

放手和掌控的艺术

专家招募方案：

- 一个对口的专家会更快、更好、更便宜地完成任务。
- 更便宜？更便宜不是目标，往往也不是最好的主意。但是，没错，专家招募更便宜。
- 你在自由职业者公开市场设定价格，他们可能接受你的报价，或者与你协商，直至双方达成一致的价格。
- 如果你只能负担得起某个价格，把这个价格公布在网上碰碰运气，看能不能找到有意向的专家。
- 专家们会与你协商，直到他们觉得达成了公平价格。
- 当专家提交工作时（按照你们的合作性质），你可以根据需要进行改变、修正、编辑或返回进行更新。
- 当你掌握了专家招募的技巧并有效利用时，你会得到高质量的回报，而且比你想象中的品质更高。
- 操作得当的话，专家招募会为你节省大量的时间和精力。

做自己生活的导演。

你没有必要什么都大包大揽。史蒂文·斯皮尔伯格（Steven Spielberg）不会亲自剪辑电影，他将这个工作交由迈克尔·卡恩（Michael Kahn）来完成。在一个典礼上，斯皮尔伯格为迈克尔·卡恩颁发了终身成就奖，他说："这就是电影制作从工艺升华为艺术之处。"[5] 借助专家招募，你可以不断地将工作从工艺变成艺术，使你的生活井然有序。

专家招募帮助你重新找回自我。

专家热爱他们的工作

我的父母曾教我：己所不欲，勿施于人。这句话使我受益终生。

但是，专家招募并不是将你的垃圾交给别人去倒。事实上，许多你不愿意去做的事情，别人却非常乐意去做，原因有很多。很多事情你不能、不去或不愿意做，是因为你擅长开始却不擅长完成，或者你擅长过程却不擅长开始。这些短板都有人可以帮你补齐。你可能是艺术家，但不懂得做生意；你可能是商人，但是需要创意。合作的机会和好处是无限的。创造性的合作使人们朝着一个共同的目标和谐、公平、愉快地一起工作，并且他们可以充分自由地支配自己的时间。

当然，所有这些目标设定、行动和合作都服务于更大的目的，即成为你想成为的人，对世界产生积极的、深远的影响。地球上有数十亿人。你会不会相信其中有这么一群人，你能雇用得起他们，而他们对你的价格也欣然接受，并且你要花上十个星期（实际时长或实际脑力）才能完成的工作，他们只需要十个小时，或者，出乎意料地只用一个小时就能完成。

欢迎来到 21 世纪！这个时代拥有大量的远程工作人才，他们将这些远程工作变成大量项目，这样他们就可以互相合作，为各方创造自由、自主和选择的权力。

- 专家招募可以使双方实现工作时间、地点和方式自由。
- 专家招募让双方可以自由选择与自己的生活方式相一致的项目。

很少有恩赐能像专家招募一样赋予各方更多的价值、自由、时间、灵活性和幸福感，两个或多个专家将各自的技术和才能摆到桌面上，在自己舒适的能力范围内各显神通。

可以的话，让专家来为你工作，将你无从下手的宏伟蓝图变成美好现实。

建立快闪团队

快闪团队是一个理想中的团队，一群各有所长的专家团结在一起，在你启动的项目上一起努力，实现你的目标。快闪团队根据不同的地点和场景聚了又散，就像电影拍摄现场那样。有了它，你可以迅速计划和完成复杂的工作，无须承诺长期合作，除非你需要他们。快闪团队可以在有限的时间内完成工作并有效检验工作。

多年以来，我的几家公司通过快闪团队合作，在世界各地创造了数以千计的工作机会，制造了数百种不同的实体产品。大型公司也在利用外包，使每个人都有机会作为专家为它们工作。众包可以承担一项大规模工作，把它分成 100 个任务，交给 100 个人去做，因此比起自己亲自去做，众包可以在 1% 的时间或者更短的时间内完成任务。

自由职业者是你完成项目的另一张王牌。在几乎所有的交易中，我们都是以各种方式承担了外包和被外包的角色。不论从哪方面来讲，专家招募都是慷慨助人、奖励人才、创造变革性工作，以及从你的价值观出发立即完成工作的好方法，而且让你无须每件事都亲力亲为。

不要成为瓶颈

如果你曾经认为某件事你做不来，但是现在，你知道你可以做到。你可以自信地拥有时间、项目和工作，而不会成为自己进步的瓶颈，也无须牺牲质量与创造力。

准备就绪并愿意提供专业知识的专家们，也许是企业家、高管和雇员等人可获得的最具潜力的资源。与其在每个新工作或新项目中另起炉灶，不如直接找专家帮忙。如果你愿意，你可以自己导演一场由专家、项目和流程共同演奏的交响乐。不要再找借口。

当你意识到，你可以成为自己从未奢望能成为的人时，自由的号角就吹响了。

从项目堆叠到工作同步，再到专家招募

销售墨西哥玉米饼。拉马尔·英尼斯（Lamar Innes）的心情非常低落。从表面上看，他似乎拥有一切，他有贤惠的妻子切尔西（Chelsea）和四个孩子。他顺从地完成了家人眼中他应该完成的一切。但是，大学毕业后，他在第一份工作中就已经感到无聊、崩溃、缺乏热情。他每天工作16个小时，一天下来筋疲力尽，还总是为账单发愁，没有时间陪伴家人。

拉马尔希望能掌控自己的时间，做有意义的工作，陪伴家人。

当拉马尔敞开心扉，认为他可以掌控自己的时间时，他开始以不同的方式看待问题。他不知道具体怎样做，但是他知道，只要他肯去找，总能找到办法的。

拉马尔说："我越上心，越去尝试找回自己的时间时，事实就越明显，那就是，我可以做任何事。我需要做一些我每天都乐在其中的事情，但我做这些事情的方式不会使自己陷入另一份工作。我意识到，我喜欢食物。整个孩提时代，我都被宠坏了，每年夏天我都会去墨西哥索诺拉州的罗基波因特，品尝世界上最好吃的玉米饼。我灵光一闪，就马上行动起来。"

拉马尔去了墨西哥一家做玉米饼的工厂，见到了巴勃罗（Pablo），拉马尔告诉巴勃罗，他们的玉米饼是他吃过最好吃的玉米饼，并希望能帮助他们销售更多的玉米饼。一个星期内，拉马尔同巴勃罗签订了一份互惠协议。"玉米饼家族"的业务诞生了，他开始销售来自墨西哥的新鲜玉米饼，并直接配送到喜欢吃玉米饼的客户家中。

拉马尔说：

"我想用最有效的方式尽最大可能让客户和他的家人吃上最好的玉米饼。玉米饼业务不断增长，我辞去了白天的工作，开始在家教育孩子。我正在实现着自己的梦想，拥有了自己的时间，为各地的家庭提高了生活质量，同时还能和孩子们共度美好时光。我们在线销售玉米饼已经4年了。如今，我们的玉米饼销往美国50个州，每个月都会有成千上万的忠实用户订购。最重要的是，巴勃罗已经成为我的一位挚友，他帮助我们的家庭业务蓬勃发展。巴勃罗表示，我们的合作同样也能帮到他的25名员工，使他们的业务得以顺利进行，令本地和国外的许多家庭大饱口福。"

通过专家招募的力量,巴勃罗使拉马尔和切尔西的家庭业务得到了保障,拉马尔和切尔西也帮助巴勃罗的工厂运转顺利,合作为双方都增加了时间、收入和可能性。

上传播客。在上一章里,我提到播客约翰·李·杜马斯每天录制 15 段作品,每个月只需录制两天。但是,如果每天编辑、上传和发布这 30 段播客,工作量太大。于是,他招募了专家来进行这部分工作。这是他创建的系统(或护城河)的一部分,如此一来,他可以精简工作,从圣迭戈搬到波多黎各,周游世界,没有错过一处风景,因为他根据自己的目的因生活。

印刷和销售杂志。我到约翰的热门播客节目做客之后,他问我能否帮他开发实体产品。我帮助他开发的其中一个实体产品就是带来了数百万美元收入的杂志。我们在海外进行制作,然后将它们运至美国的一个仓库发货。人们通过他的播客知道了这些杂志,但是许多人也通过线上推荐找到了他的杂志。这是一个完美案例,展示了项目堆叠、工作同步和专家招募如何互相协作,创造巨大的金钱和生产力,实现了充分的时间自由和地点自由。

制造产品和供应链运作。同样,举个例子,道恩·强森并不自己生产他项目堆叠中的产品,而是通过专家招募将生产制造、供应链和运作都外包了出去。他没有每天给运动鞋穿鞋带、包装瓶瓶罐罐或者通过邮件发送订单。他的项目由他启动,由他完成,但他的合作伙伴和其他参与者则是利益相关者。他的业务是为了扩大规模建立的,即便他不在场,业务也能正常运转。如果他愿意,他可以选择出现在电影荧幕上(除非那是他的替身),或者选择包装订单,一切取决于他对时间的最佳利用。毫无疑问,他是所有人当中最勤奋的人,而且他根据自己的目标和角色选择承担哪些工作。在完成工作的同时,他也与人分享了爱。[6]

产品创造和原型设计。帕特·弗林(Pat Flynn)和凯勒布·沃杰克（Caleb Wojcik）经过两年的原型设计发明了名叫 SwitchPod 的 Vlog 脚架，收到了视频创作者的反馈后，他们众筹资金来生产第一批产品。他们找到我说出这个创意时，虽然心中已经有了概念，但是不知道如何实施。

帕特和凯勒布将他们的创意外包给了我们的 PROUDUCT 专家团队，委托他们负责具体实施。他们说："我们并不是大型公司，分公司遍及世界各地的那种，我们只是两个创造者，对拍摄时还要手持相机感到不耐烦，因此才有了这个发明。"事实上，他们投入生产的资金是众筹得来的。"我们在 12 个小时内成功筹集到了 10 万美元的资金，在活动期间又陆续筹到 41.5 万美元。6 个月后，我们开始发货，成千上万的客户坐等收货。"[7] 当你将工作交到专家手中后，你的工作会变得轻松很多。

> 丹·沙利文（Dan Sullivan）和本杰明·哈迪博士在他们的《找对人做，而不是找方法做》（*Who Not How*）一书中说道："如果你身边有一个团队可以帮助你完成目标（同时你也帮助他们实现他们的目标），那会怎样？当我们想完成一件事时，我们会习惯性地问自己：'我怎样才能完成这件事？'其实，你可以问一个更好的问题。它可以帮助你打开新世界的大门，使你从容不迫地功成名就。战略教练丹·沙利文知道我们应该问的问题，那就是：'谁能帮我做这件事？'"[8]

策划你的生活

蒂埃芬·马格雷（Thiefaine Magré）[9] 是 PROUDUCT[10] 的首席运营官（COO），也是我的商业伙伴。他是一位来自法国的移民，会说流利的法语、英语和汉语。他的妻子来自塔西提岛。他们在犹他州南部和塔西提岛之间安家生活，抚养年幼的孩子，周游世界。蒂埃芬负责监督来自不同行业的数百种产品，管理着从构思到完成订单的供应链。他在全球范围内远程工作。

他是怎样做到的呢？

按理说，他应该忙到没有时间去过他理想的生活，他的供应链同行们肯定将大部分时间都花在了工作上，而没有太多的闲暇时间顾及其他。但是，他利用专家招募的力量，通过快闪团队合作，将其他专家召集在一个有着专业目的的项目上，使其服务于自己的负责领域。

他解释道：

"对商业领袖或企业家来说，将控制权交给另一个人或者另一家公司需要一番心理挣扎。但是，承认自己的弱势环节，并将它们外包给合格的销售商、供应商或员工，这是一种巨大的力量，也是注定可以成功的模式。最终，你需要决定你想做什么，以及应该将哪些任务外包出去。

保持业务精简，管理为你减轻负担的供应商，这是一个大智慧。它使你能够继续专注于最擅长的事。一旦你知道自己想要外包什么，就开始对供应商进行筛选，先定义目标供应商的筛选标准，即能力、可用性和关系标准。然后，搜寻潜在的供应商，最终筛选出其中一小部分为你所用。成功的秘诀是，做你最擅长的事，把其余的外包出去。"

为工作方式获取时间解决方案，
做自己生活的策划者。

你是专家资源吗？ 当你最终意识到，你在做别人已经外包给你的工作时，这个问题就会变得很奇怪。如果你喜欢做专家的话，就无须招募专家。

职业棒球投手不会将投球工作外包出去，因为他们本身就是投手。但是，他们可能会有一个替补投手、替补跑垒员或替补击球手以备不时之需，这就是工作同步叠加专家招募。

如果你是一名电视节目主持人，你除了工作之外没有任何自己的时间，因为你自己非常清楚地了解每日突发新闻所带来的紧迫性，而你依然选择了这种生活方式。当然，你可以将你工作的各个部分都外包出去，但是如果你的工作本质上就需要你露脸，你要么喜欢这样，要么不喜欢。在很多情况下，你就是那个被招募来做某项工作的专家。

不要把你喜欢和想做的事情外包出去。 如果你不再喜欢这份工作，因为它与你的现实情况发生了冲突，那么你可以权衡一下，重新做出决定，以遵循新的目的因，继续向前。

生活中最酷的事情莫过于，你可以做出另一种选择：你是否要继续做你正在做的事，是否要战略性退出，或者能否以另一种方式得到想要的结果？

新的业务流程。 当你将工作方式由时间管理转为反时间管理时，你会得到层出不穷的机会，创造出越来越多的可用时间。时间翻转是一种后天可习得的技能。如果你不想或者不知道如何做一件事时，就采用 EDO 方法吧。拓展新的时间能力，匹配你的目的和优先事项，以创造具有时间翻转过程的项目。过程遵循目的。

遵循目的。

你可以作为一名跑步者留在人生的赛道上，但是不停地跑，你就无暇顾及看台上为你喝彩的爱人。有时候，你能做的最宝贵的事情是，将赛跑变成一场接力赛，交出接力棒。

我听到有人说，当他们决定慢下来时，生活就发生了变化。他们的另一半如释重负地说："这一刻，我等了12年。"

作为一名时间翻转者，你是在减速还是在加速并不是重点。当你翻转时间时，你分清主次完成任务，而不会把时间浪费在无关紧要的事情上。当你不再喜欢自己的选择时，就适时退出。

如果让专家为你完成工作，你会拥有多少时间？

构建自己的专家模式。自从我的妻弟加文和我的儿子加文先后离我们而去后，我一直把事业的重心放在创造时间上，我采用加文法则：生命在于行动，行动才是人生。我很难向别人解释我做的事情，因为项目堆叠如此变化多端，听上去有点疯狂。但是，对我来说，我所有的项目都是为了一个目的：把时间还给它的主人。

以下是我围绕时间堆叠起来的几个专家目的项目：

我的企业家客户想做实体产品，但是，这会占用他们所有的时间。所以，我为他们创建了一项服务，通过构建专家模式，将时间还给他们。

我的创意客户想制作视频，但是，剪辑工作占据了他们太多时间。因此，我为他们创建了一项服务，通过构建专家模式，将时间还给他们。

我的高管客户需要解决方案，让自己"开始做一些傻事"，同时有能力陪伴家人、环游世界。因此，我为他们创建了一些服务，向他们展示，如何通过创建专家模式，实现这一切。

这些项目在时间上形成了专家项目"三脚架"的三条腿，互为支撑，将时间还给了我的客户，同时也使我自己实现了时间自由、财富自由和工作地点自由。

这一切是怎样实现的呢？

这些经过了堆叠的独立项目，涵盖了不同领域，包括实体、数字和知识方面的产品和服务。这些项目（时间）的首要目的是，具有一种强制功能，可以创造出一个新的目的生态系统。这些项目通过项目堆叠、工作同步和专家招募，让相互依存的优先事项围绕目的因进行运作，提供增加时间的方法、流程和成长空间，无论产品还是服务都一样。

时间翻转者以一种增加个人自由的方式设计项目，并按时提交专家水准的工作成果，也就是使生产力达到最佳状态。有些人将这种工作方式的结果称为"终极的工作和生活平衡"，但是时间翻转者将这个过程称为"只是又一个不在办公室的日子"。

时间翻转项目释放了你的个人时间，并在城堡——你的四个目的或目的因周围建立了战略和经济护城河。你可以通过明智地和专家合作来选择你想做的事情，取得专业的成果，并且拥有大量的时间。同时，专家们也乐意为你做这些工作，并感激你为他们提供的工作机会。

专家招募要点总结

你有能力做某件事与你负责做这件事并不是一回事（除非它们本来就存在联系）。

- 专家招募的时间翻转方法需要充分结合适当的设计、测试、信任和责任转移，以获得变革性的、互惠互利的体验。
- 专家招募帮助你消除、委托、外包任务和活动，实现高增长。

- 时间翻转式的专家招募不以工作时长衡量工作量，也无须进行微观管理。
- 专家招募以价值和结果为基础。因此，专家们可以各展所长，并且在没有监督的情况下于截止日期之前完成工作，提交结果，而无须大量监督。
- 在有限的时间内，可利用快闪团队进行专家合作，完成工作。
- 专家招募形成了一个互惠互利的生态系统，为合作各方创造了时间、金钱和自由。
- 专家无须经过培训即可投入工作。
- 专家乐意为你工作，并对你提供的工作机会心存感激。
- 不要成为自己上升期的瓶颈。
- 摒弃自我主义，开始合作共赢。
- 构建专家模式，在创造时间的同时，取得专业的成果。

我们都有不同的梦想、职业和生活经历，也有着各自独有的看法、限制和生活方式。要勇于实践。不要低估自己的能力，创造性地掌控自己的时间，敞开怀抱迎接更多快乐的机会，统筹安排（而不是亲自去做）你不想做的工作，使自己重返生活，这才是切实可行的做法。

招募专家为你工作

专家招募帮你搞定一切,即使你没有时间,也不知道如何去做。专家招募让你没有理由不成功。

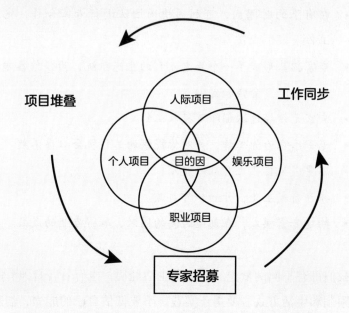

1. 查看一下你的时间翻转 4P 以及你确定要做的任务和活动。

2. 看一下待办任务清单,确定哪些任务需要委托或外包。

3. 在每一项你计划要委托或外包出去的任务旁边标上一个日期(如果你还没有处理的话)。

4. 同时,再次看一下这些任务,问问自己,别人能否将某项任务完成得更好(即使你喜欢、乐意并擅长做这项任务)。如果将这个任务委托或外包出去,会怎样?为你想外包出去的任务制定一个弹性日期,作为一项思维游戏,为自己打开新的可能性。没错,我的意思是,无论员工、高管还是企业家都要这样做。

5. 利用你在本章学到的原则,将那些可以由别人完成或者你不想做的任务委托出去。对你来说,它们并不是最有用、最有价值的任务。借助时间翻转的委托来解放时间,解放思想。一次处理一项任务,并与被委托人建立信任。

6. 重复上述步骤。

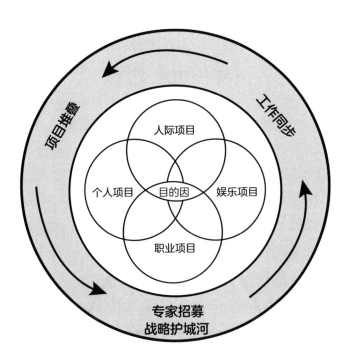

第三部分

收入

不要把梦想变成工作

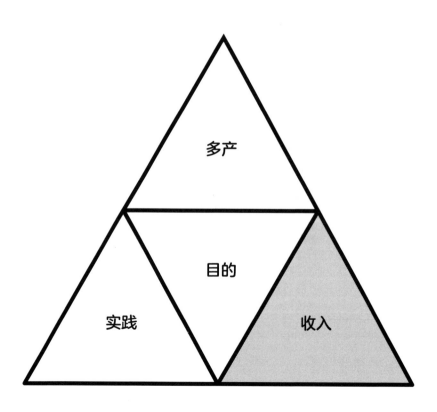

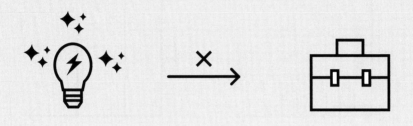

不要把梦想变成工作

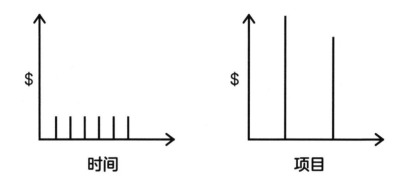

第七章

改变收入模式，改变生活

如何筑造经济护城河

财富之术不在于勤劳，更不在于节俭，而在于更新常规，在于适合时宜，在于恰逢其会。1

——拉尔夫·沃尔多·爱默生（Ralph Waldo Emerson）

劳拉·威克（Laura Wieck）说自己是"一个生育能力有问题的心力交瘁的按摩治疗师"。

她想找到一种方式，让自己可以不拿时间换金钱。她说："最好的按摩治疗师，往往是那些花额外时间与客户在一起的人（通常是免费的），为客户提供高效的工具和资源，并且具有天生的觉知能力，帮助客户将身体的感受与生活中发生的事情连接起来。"她想帮助按摩治疗师在工作中获得自由和自在，而她认为"这在'时间交换金钱'的模式中是永远不会存在的"。

她问自己，能否教会按摩治疗师将引导融入手法中，她将这种方法称为"身心合一治疗法©"（BodyMind Method©）2。有没有一种模式，可以让他们减少工作量，增加收入，并且能帮助他们的客户获得更好的服务体验？

自从劳拉开始了她的"身心合一"引导课程,数百名按摩治疗师和全科医生利用这种疗法,改变了获得收入的方式(以前单次疗程价值100美元,如今他们提供价格从1 500美元到10 000美元以上不等的"身心合一"引导课程)。他们经常分享客户的生活方式是如何因为这个新模式而改变的。

劳拉是这样描述的:

"对我来说,这个'愚蠢的'想法使我和我的丈夫能够负担得起四轮以失败告终的生育治疗,也使我们有幸收养了我们的儿子詹姆斯(James)。最重要的是,我可以如愿成为一名合格的母亲,因为我没有在工作上排满日程、筋疲力尽。'身心合一治疗法'的队伍一直在壮大,按摩治疗师们一直在探索新的工作方式,自己无须亲自上手、跟客户面对面,也能完成疗愈过程。在你的帮助下,我看到了在我的流程中哪个环节产生了不必要的步骤,同时,我也看到了那些可以扩展的简单事项。"

她继续说道:"在那段时间,我的月收入第一次达到了10万美元,紧接着又有了首次月收入20万美元。改变收入模式,不仅改变了我的生活方式,同时也改变了许多用心做这份工作的按摩治疗师和全科医生的生活方式。

不要固步自封

汉斯·克里斯蒂安·安徒生(Hans Christian Andersen)每晚睡觉前都会在桌子上留一张纸条,上面写着"我只是看上去像是死了",因为他害怕自己不小心被活埋。

汉斯·克里斯蒂安·安徒生是丹麦知名童话作家,代表作有

《丑小鸭》《皇帝的新装》《豌豆上的公主》《海的女儿》《拇指姑娘》和《冰雪女王》，他明白了活着并活得有意义的重要性，就连看上去像死透了的时候也一样。据说，他的童话故事里的角色以及它们令人绝望的处境，就是他本人心境及悲惨经历的写照。

安徒生的许多童话故事告诉我们，我们可以克服万难，扭转乾坤，最终改变我们的命运。安徒生说："生活本身就是最美妙的童话故事。"我们的抱负、挣扎和痛苦造就了我们，我们的收入模式亦然。你可以通过改变收入模式，改变你的生活。

我总是在做一些不同的事情。就像汉斯·克里斯蒂安·安徒生一样，我也不想故步自封。

我不要故步自封，直到生命的最后一刻。

你可以做出改变。你可以用不同的方式赚钱。你可以保留（或不保留）你的工作。

最终，你做这一切是为了完成什么事情？你愿意将这件事情放在首位，也就是现在（在你改变收入模式之前）将目标置于你生活的中心，围绕目标创建工作，使工作为其保驾护航吗？

- 也许你目前的工作状况并不像你想象的那么不堪。
- 也许你忽略了你的自尊。在工作中，人们让你做一些不符合你利益的事情，只是为了保护和提升他们自己，却牺牲了你。
- 也许工作中一些芝麻大点的小事，让你辗转反侧，彻夜难眠，因为有人在暗中考验你，看你是否胜任某项任务。
- 也许你处于人生的转折点，希望在工作上彻底转型，从一个行业跳到另一个行业。就像离开水，但是你会长出新的两条腿。
- 也许你觉得自己太渺小，无法克服大的工作障碍。但是，你想忠于自己的内心，开阔眼界，提升自我。
- 也许你太愤世嫉俗，目空一切，在工作中自视甚高。你需要拥抱一颗童心，发现生活中的美好，爱你身边的人。

正如汉斯·克里斯蒂安·安徒生所说，"仅仅活着是不够的……还需要有阳光、自由和一点花的芬芳"，还要"有足够的时间跟这个世界好好告别"。[3]

时间翻转者专注于创造价值，收获时间与金钱的红利。

如果你可以以理想中支配时间的方式续写自己生命的华章，那会怎样？

如果改变了收入模式，你会变得多么独立自主？

围绕目的因修筑经济护城河

有史以来，工作都被锁定在我们居住的地方，它决定了我们何时可以把时间花在个人生活上，比如陪伴家人、旅行和培养爱好。过去，在更传统的工作中，我们需要打卡上班，在规定的时间和地点工作。但是现在，我们可以更灵活地选择何时何地工作。

你的收入模式，即你获得收入的活动以及你本人需要提交工作成果的地点，决定了你的生活方式。

- 你的收入模式是将你和目的因连接在一起的纽带。
- 当你珍惜你的时间时，你的生活将与你的价值观一致。
- 收入模式决定了你的自主权；梦想的工作是使你自由。

改变你获得收入的方式，有目的地修筑一条经济护城河，守护你理想的生活方式，为你的可用时间保驾护航，使你在行动上更自由。

第七章 改变收入模式，改变生活

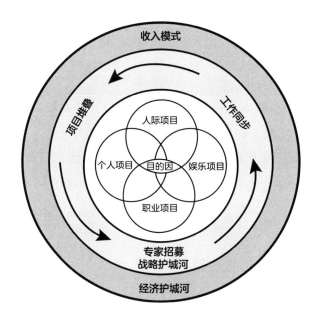

使目的与优先事项、项目、收入一致

找回你的动力。 如果你的收入模式不能为你释放时间和精力，或者没有与目标保持一致，使你享受到工作带来的好处，那么，你就很难实现自己的价值观。

在一天结束时问问自己：

- 我创造了什么样的氛围？
- 我的生活符合我的价值观吗？
- 我是否带着目的坚强地活着？

筑造经济护城河。 对时间翻转者来说，当你发现你的本职工作可以有效支撑和提高自己的能力，使你享受到越来越多的时间和自主权去实现个人价值时，你的经济护城河就形成了。

在工作和收入模式上改变思路，这可能是一种逆向思维，但是

179

它会让你获得更多机会。

> 如果我们从一种不同的视角看待问题，会怎样呢？
> 如果我们不是试着缓解明显的贫困迹象，
> 而是致力于实现长期繁荣，会怎样呢？
> 这可能需要一种逆向的经济发展路径，
> 但是它会让你在最意想不到的地方看到机会。[4]
> ——克莱顿·克里斯坦森（Clayton Christensen）

改变收入模式，改变生活

案例1：摄影师

一位成功的摄影师想知道在淡季如何开展业务。她想创造性地安排自己的时间，以便在拍摄工作进展缓慢时仍然可以创收。

我们讨论了她的工作流程、梦想和未来。很明显，她陷入了一种商业模式中，身不由己，没有空间过自己理想的生活。她需要对工作和生活做一下调整，因为她的技能和野心远远超出现状。我建议她可以在继续发展目前业务的同时，也根据自己的梦想开辟新的工作领域。

她之所以没有发挥出自己最大的潜能，是因为她没有将目的因放在首位。她忙于业务的方方面面，以至于没有多余的时间去做自己想做的事情。我们将她的业务模式从任务导向转为价值驱动，并将她的梦想放在中心。结果，她的生活发生了转变。

她确定了自己在个人、职业、人际和娱乐方面的优先事项，以支持她的预期目的、生活方式和社会价值。然后，她围绕这些目标创建项目。在学习和贯彻时间翻转原则的几个月里，她将业务拓展到了其他创收项目上，她的激情和天赋发挥到了极致。她发现自己酷爱教学，便开始为创意人士设计在线课程。实际上，她现在经营着一项年收入超过百万美元的在线教育业务，但无须牺牲与家人一起旅行的时间。她从目的因出发，分清目标主次，并围绕这些目标创造项目。

从价值观（目的因）开始行动，到实施价值观（战略护城河），再到以有价值的方式获得收入（经济护城河），这都与传统的目标设定及时间管理恰恰相反。

时间管理：

找到工作→在工作地居住→拥有两周带薪休假

传统的时间管理和生活管理以薪酬为核心，它决定了你的生活地点和生活方式，从而决定了你何时实现个人目标。

时间翻转：

价值观→选择理想的生活方式→选择获得收入的方式

通过工作创造个人时间的艺术是一种选择，而不是一条时间轴。将你的价值观置于生活的中心，并根据产生的价值（而非花费的时间）来获得收入，这曾经是许多人已经掌握的一个选择，但是经过了两百年的时间管理洗礼，很少有人会花时间考虑这些了。

工作是一种选择，而不是一种义务，
不要等到经济独立后才意识到这一点。

案例2：阿拉斯加的会计

卡西·普赖斯（Casy Price）原以为自己没有能力过上梦寐以求

的生活。但是，通过基本的时间翻转流程（目的因、EDO、城堡—护城河），她改变了自己获得收入的方式，从而改变了整个人生。

她说："我列了两份清单：我的任务和我喜欢的任务。我知道了我可以将任何事情外包出去，交给最优秀的专家来做。我意识到，这么做不是与他人竞争，而是与他人合作，并在典型的金融世界里突破自己的极限。我在实现着我的理想，曾几何时，这些理想只存在于我的梦中。哪怕世界停摆了，生活变得艰难，我的业务仍然在蓬勃发展，不断壮大，同时也在为别人制造机会。在家庭方面，我和家人们现在已经能够有计划地进行冒险，为以后留下珍贵回忆。"

现在，她和家人住在阿拉斯加的一个美丽的地方，她的梦想是能和家人一起旅行，在亚利桑那过冬。卡西说他们正在开着房车旅游，在亚利桑那买下了一处用来过冬的房子。她说："我喜欢有能力付出更多的感觉，当工作又变得繁忙时，我仍然会回到我的任务清单上，看看我需要怎样做出调整。"

你可以围绕收入来源建立生活

（传统的生活管理和时间管理），

也可以围绕理想的生活来创造收入来源

（反时间管理 / 时间翻转）。

案例 3：创业者

泰勒·卡明斯（Taylor Cummings）出生时心脏有六处缺陷，他只有 5% 的存活率。经历过四次心内直视手术和几次奇迹，他活到了今天，一直靠起搏器维持着生命。泰勒说："在成长过程中，我要珍惜生命的每一分每一秒，这个愿望一直很强烈。在我 13 岁的时候，父亲因为癌症永远离开了我们。我再次意识到，生命是短暂的，我想让每一天都过得更有意义，并且我的思维方式也发生了变化。时光快进到我22岁的时候，我意识到我可以实现我的梦想，并且仍然拥有自己的生活，就停止了对传统创业之路的探索。我想围绕着我的生活建立一些东西。"经历过几次失败的创业后，泰勒摸索出了一种可行的模式。

他说："多次创业失败后，我在25岁时与朋友成立了一家公司，每周只需要用三个小时来经营公司。今年，我们成交了第一笔2 000万美元的交易，帮助私募股权集团寻找值得收购的企业。我现在将精力集中在喜欢的人和事上，并且有时间去探索新领域。"如今，他正在攻读工商管理和创业学博士学位，重点研究战略决策和绩效心理学。而且，他还在中国的少林寺学习北少林功夫。

你可以改变心态，改变身体状况，改变阅读和收听习惯，改变生活中的一切，但是除非你能通过就业或创业践行一种新的业务模式，否则你的日常生活不会有什么大的改观。

改变生活，先改变收入模式与收入来源。

案例4：全职在家教育五个儿子的单亲妈妈

安杰尔·奈瓦卢（Angel Naivalu）是全职在家教育五个儿子的单亲妈妈，一家六口挤在一个两居室的公寓里。选择全职之前，她已经完成了临床社会工作研究所的课程。如果同时兼顾工作和家庭，她的压力巨大。她怎样才能有时间兼顾这一切呢？

她说："我束手无策。时间问题似乎是我面临的最大难关。生活给我出了一道单选题：要么全职在家教育孩子，要么成为一名治疗师，在诊所按时上下班。我没有自己的收入，生活窘迫，经济上要依赖我的前夫。"安杰尔开始认真思考时间翻转原则。

后来，安杰尔创造了一种方式，除了拜访个人辅导客户和参加每季度举办的座无虚席的静修活动，她还可以单纯地通过顾客推荐来扩大客户群。安杰尔的时间被释放了，她的工作从未像现在这样富有成效、收入可观。安杰尔说："2021年初，我内心非常渴望去夏威夷待上一个月。'在夏威夷度过一个月的假期，不工作，这谁能负担得起呢？'我的大脑习惯性地对我说。但我还是从诊所请了一个月的假，在夏威夷待了整整一个月。就像你说的，'每一次日落都是重启的机会'。在这三十天里，我在夏威夷的海边看着夕阳西下，经历了整个人生的重启。一次又一次，我听到心底有个声音在说，在不远的地平线上，我的人生还有更多的可能。"

她说："我的收入增加了50%。自由万岁！"安杰尔后来搬到了夏威夷，她说："我在最喜欢的地方，实现了心中的梦想，我写了一本书并出版，我与儿子们培养了深厚的感情，收入比以往任何时候都多，我掌控了自己的日程表，生活丝毫没有压力了！"

当你喜欢上你的工作时，你可能永远都不想退休，因为你已经过上了你想要的生活。

使工作与生活协调一致

改变收入模式，看起来就像是创造一种环境，使人际、文化契合和增长潜力与你的价值观和未来愿景相匹配。

使生活与目的因保持一致是一种有意识的努力，努力修筑经济护城河，保护你的生活方式。

关键是要修筑一条你乐在其中的经济护城河，不会带走时间，反而会创造时间，同时还能为你创收。经济护城河的概念是由沃伦·巴菲特提出并命名的，它是指一家公司相对于其竞争对手的明显优势，能保护其市场份额和盈利能力。它往往是一种难以模仿或复制的优势（如品牌、专利），因此形成了一道有力的屏障，抵挡了其他公司的竞争。同样，时间翻转的经济护城河的目的也是赋予你一种时间优势，使你在成为老板的得力干将的同时，还能来去自如。

案例：律师

格雷格·佩西（Greg Pesci）是一名律师，曾牵头将一家公司出售给另一家上市公司。他当时担任公司总经理，但是觉得需要对自己的生活做出一些改变。

格雷格说："对我来说，家庭是生命之重，我想找到一种途径，使我在工作的同时，还能更好地照顾我的家庭。我希望能把陪伴家人作为头等大事，想拥有一个可以实现这个愿望的工作环境。但是我又害怕尝试新事物。我在公司的仓鼠轮上跑太久了，思维已经固化，我不知道自己能不能做到。"他想围绕他最重要的事，以一种可以释放时间的方式工作，并获得收入。

当他即将开启人生的新篇章时，我们讨论了他如何停止等待，开始销售，并验证他的新事业的商业构想，围绕他的优先事项建立经济护城河。格雷格与我分享了他在这个过程中的心得体会：

- "不要试图获得一个完美的产品或者完美的标准，尽快开始做最重要的事，也就是把东西卖出去。"
- "直视对方的眼睛或直接在线谈，要求他们购买你的产品。"
- "必须做的事情马上做。这帮我创造了时间、空间和资源去提高产品质量，并最终使我过上了理想的生活。"

行动起来，奇迹就会出现。格雷格的下一个项目正在顺利进行,他的可用时间也在增多。

没有千篇一律的方法。

从目的因出发,而不是朝着它埋头苦干。从一开始就围绕理想的生活方式建立商业模式和销售策略,见证更多时间和机会的延伸。

从梦想出发,而不是追逐梦想。

你的经济状况

你工作方式的因果关系是什么?有些很久没在项目上赚到钱的人找到我,问我接下来该怎么办。当碰到这样的情况时,我会问他们:"你上次让别人拿出借记卡或信用卡购买产品是什么时候?"其实你可以很快赚到钱。

如何赚到 100 万美元

500 个人买单价 2 000 美元的产品

1 000 个人买单价 1 000 美元的产品

2 000 个人买单价 500 美元的产品

5 000 个人买单价 200 美元的产品

500 个人每月支付 167 美元,共支付一年

1 000 个人每月支付 84 美元,共支付一年

2 000 个人每月支付 42 美元,共支付一年

5 000 个人每月支付 17 美元,共支付一年

如果对你来说，工作可以转化为金钱，那么，如果你没有赚到钱，这就意味着，你这辈子一天都没有工作过，是这样吗？你一直在准备要工作，但是没有真正在工作。

工作转化为金钱，需要销售环节。免费工作或投资时间可以是一个伟大的长期计划。但是，如果你需要钱，而你的业务没有以某种方式积极要求人们向你购买产品，你怎么能指望获得收入呢？如果没有人知道你可以为他们提供什么产品，那么你实际上在提供什么呢？

在你卖出产品之前，你的工作本身并不是一个赚钱的活动，这个简单的认识使你豁然开朗，明白了自己为什么没有赚到钱，因为你没有积极地销售，但是它又使你恰好陷入了不赚钱的困境中，因为你没有卖出什么。

无论你是一名员工、高管、内部创业者、企业家还是个体创业者，经过策略性地调整和实施，都可以创造一种你喜欢的并可以享受其中的工作和生活体验。无论你的经济状况如何，你的生活质量更多地取决于你的工作时间、工作地点和工作方式。认识到这一事实，可以使你豁然开朗，也让你充满力量。

善待时间，珍惜时间。

- 这样做有效吗？创业家会开创一份事业来追求梦想，以创造更多的自由和灵活性，但是到头来却发现，他们被事业夺走了自由和灵活性。
- 这样做有效吗？高管们会辞去一份工作，就职一份新工作，却发现新工作还要从头学习适应，仍然不能提高生活质量。
- 这样做有效吗？员工们会在工作中扮演一种角色，避开糟糕的老板，到头来却发现，那个糟糕的老板仍然阴魂不散，影响着他们的每一天。

不要再这样继续下去了。

种更好的因,结更好的果。

让时间翻转成为日常互动

现在,你需要做的是,使时间翻转成为你的日常互动。

虽然每个人的生活不同,细节各异,但是希望以理想的方式支配时间的原则是相同的。

我从已故的哈佛商学院教授克莱顿·克里斯坦森那里学会了,要创建框架帮助他人做出决定,而不是明确告诉他们要做什么。

当你践行反时间管理和时间翻转时,在你通过经验学习将模型融会贯通时,答案就会从你的脑海深处浮现出来。

时间翻转框架、模型和方法就像一个罗盘,可以指引你到达期望的地方。与自己的理想适当地保持步调一致是成功的关键。

不要活在疲于奔命时的想法里。那时的项目已经达到了它的目的,不再为你服务了。

没有千篇一律的方法。我在不同的国家创办了公司,为几千家初创公司提供过咨询服务,倾囊相授了数以千计(大部分都涉及毫不相干的不同领域)的商业计划,也曾在风险投资公司和私募股权公司工作。我帮助创建(从设计到生产,再到实现)了数百种新产品,这些产品目前在售或即将面市。虽然初创公司最终都会各不相同,但是在起步阶段,它们都大致相同,或者至少感觉上是这样的。

创业之初,你会怀揣许多希望、梦想和愿望,但是现实中却有着许多变数。即便是仅仅相隔几条街的两家同样的专营店,也会经历不同的挑战。任何人都可以成立公司,这是一项可习得的技能;

建立一种你感到自豪的生活，也是一种可以习得的技能。创办公司也可能会消耗掉你全部的时间、精力和脑力，但你没必要这样做。如果生活中所有对你重要的只是一件事，那么只专注于这一件事的话，你的效率是极高的。

然而，生命的深度在于生活的广度。你需要看得更多，做得更多，才能得到更多。生活经验也是新的工作经验。

当你将生活融入工作中，你就同时把工作也融入了生活中。

唯有变化才是永恒的。

修建经济护城河，就是要使你的工作方式个性化，以支持目的因的方式产生结果，回报于你。[5] 工作体系没有万能的。下面的原则可以帮助你更清晰地思考你想做的事情，但是你一定要行动起来。

将新的经济时间轴引入生活

传奇工程师和品质管理大师爱德华兹·戴明（W. Edwards Deming）观察到"每个系统都经过了完美的设计，以获得它所得到的结果"。[6]

那么，是什么系统使你走到了今天的位置？这个问题会帮助你在生活中引入一个新的经济时间轴。

当你与目的因保持一致时，没有捷径或变通方法。你从本质上绕过了传统的时间管理把戏，从目的出发，打开了很多未来可能性，促使一连串积极事件发生。

你可以通过"否定、生存、觉醒、实现"这四个阶段及其思维模式，将新的经济时间轴引入生活，许多时间翻转者在将他们的目标从时间轴的终点拉到起点时，都会经历这个过程。

首先，你可能会进入否定模式，对自己成功的可能性持否定态度。其次,你会进入生存模式,只做你已经了解的事,或者你认为最好、最快速的事。再次,你意识到必须要做出一些改变,事情才能得以改善,因此你开始尝试新事物,并进入觉醒模式。最后,当你发现自己成功实现了目标时,你就进入了实现模式。无论你正在经历四个阶段中的哪一个阶段,都要始终牢记成功的喜悦,给自己加油打气,不要遇到艰难就丧失了斗志。利用时间翻转工具,用智慧和勇气迎接每一个机遇。

选择绝非易事。选择带有一定程度的机会和责任。自由和自在也是有成本的。当你考虑到机会成本时,即使选择了阻力最小的途径,成功也绝非轻而易举。

重新思考经济参与规则

问自己三个有关时间翻转的问题。筑造经济护城河时,通过以下问题获得更大的自主权:

- 我能够根据工作成果(而不是工作所花费的时间)来获得收入吗?
- 这项工作得到的金钱价值值得我花时间和精力吗?
- 我是否可以在我希望的任何地方而不是在规定的地点提交结果?

如果三个问题的答案都是肯定的,那么这项工作很有可能符合你的目的因价值观,此时,你应该继续跟进这份工作。

如果这三个问题中任何一个问题的答案是否定的,但是你仍然想做这份工作,那么你需要发挥创造力,通过时间翻转框架来提高你执行项目的能力,为你的目的因创造时间,而不是消耗时间。

设置时间翻转的约束条件。在工作中使用约束条件来设计强制功能（强迫自己集中精力），使各方面保持协调一致。

- 当你选择在个人价值观和约束范围内工作时，你就选择了尊重自己、尊重优先事项。
- 如果你用心选择工作，工作自然会变得对你更重要，而你也会以极大的兴趣、决心和精力来完成它。
- 如果你觉得工作枯燥乏味或难以取得成绩，你可以进行专家招募。

你可以将约束与优先事项匹配，作为使工作与生活保持步调一致的策略。

我经常问自己以下问题，以找到自己围绕目的项目的正向约束：

- 这份工作是否有趣？
    * 我是因为喜欢才愿意坚持做这份工作吗？
- 这份工作有意义吗？
    * 这份工作能够帮助他人，从而产生积极影响吗？
- 我可以用手机来完成工作吗？
    * 我的工作地点是否灵活到我可以去旅行？
- 如果不试一试，我会后悔吗？
    * 我需要多重视、多迅速，才能不错过这次工作机会？
- 这份工作会占用还是保障我的家庭时间？
    * 它从一开始就有助于整合我的目的因目的吗？

诸如此类的问题可以帮助你选择如何执行喜欢的项目。

这些和约束有关的问题会帮助你设计、重新设计、计划、重新计划、协商、重新协商、维护、更新和运行一个你喜欢的工作与生活协调一致的过程。

何不鼓起勇气问一问你担心的取舍问题呢？

想要拿回时间，与其一点一点地拆解一个旧的既有流程，不如干脆调整工作，使其与目的一致。

> 如果一个工作流程现在不能服务于你的目的，
> 那么以后也极有可能不会。

正向的强化约束帮助你充满热情地确定项目和责任范围，从而使其产生深远且广泛的影响，并且释放时间，使你一直可以做你选择要做的事情。

分解任务

你的"个人、职业、人际和娱乐项目"上的工作约束是什么？

将约束融入过程中，使其保持完整性和创造性，所有你想做的工作和生活项目都可以通过这种方式如愿进行。可以肯定的是，如果你选择将一件事情排在另一件事情的前面，那么，通过时间翻转，你的选择可以在更高阶思维和目标下有意识地进行。

你会面临些压力呢？ 在彻底改变工作方式时，时间翻转者经历的更大压力之一是，纠结自己是否应该辞职，以及在下一个工作开始之前如何填补空缺。虽然情况不尽相同，但有一点可以确定：如果你不愿意，就不必辞职。

如果觉得自己做不到怎么办？ 尽管有些任务比其他任务更难改变你的运作方式，但一般而言，在辞去一份工作与开始一个新的创收项目之间做选择，可以说是一种愿望上的选择，而不是功能上的必需。调整工作和生活，适应多维度的人生，这与纯粹想要辞职是完全不同的。

你会面临哪些风险呢？ 时间翻转者设法对他们目前的工作进行时间翻转，同时引进新的时间翻转项目，降低创业创收风险。你的工作并不是要增加更多的项目，去占用更多你根本就没有的时间。

如果我不愿意破釜沉舟怎么办？ 在你破釜沉舟之前，考虑一下你站在哪一边。你不一定要自断退路。

如何一次完成多项工作？ 如果你不想一次做多项工作，你就不必这样做。在允许的情况下，运行时间翻转项目的最有价值的地方之一是，你可以在目前工作的基础上，以相等（或更高）的收入匹配新项目，如此一来，你的收入可能会翻倍（甚至更多），这就是项目堆叠。

如何在不增加工作时间的情况下启动多项收入来源？ 如果要扩大你喜欢和想做的时间颠覆项目，你就应该在时间颠覆框架下进行架构，并且通过 EDO 方法（和其他时间翻转原则）进行操作，使目的因处于你生活的中心，从而保障你的时间自由。

当你掌控了自己的时间时，就无须自我责备，
只在需要时调整时间即可。

数字计算

《连线》杂志的创始主编凯文·凯利（Kevin Kelly）为创意人士写了一篇有关赚钱的传奇文章，名为《1 000 名真正的粉丝》。[7] 这篇文章成为创意性业务灵感的源泉、实践的基石。其中提到的数字计算是跨行业适用的。

凯文说："要成为一个成功的创作者，你不需要百万数字。你

不需要数百万美元或数百万名顾客，数百万名客户或数百万名粉丝。作为一名手艺人、摄影师、音乐家、设计师、作家、动画师、应用程序开发商、创业者或发明家，要谋生，你只需要几千名真正的粉丝。"简而言之，如果你可以从1个人身上赚取100美元的利润，那么，从1 000个人身上你就能赚到10万美元。

一本价值25美元的电子书要卖出多少本就能赚取你目前一年的工作收入？

打个比方，今天有人进入人才市场，浏览一下可供选择的工作，考虑了无数种选择。在这个场景下，他们可能是为了找个副业，应对不可理喻的老板，或者未雨绸缪，以备不时之需。看着他们可选择的收入范围，有人可能会对自己说：

- "如果我跳槽去为别人工作，我的年薪最高有6万美元左右。"
- "这就是月入5 000美元。"
- "如果我有5位客户，每人每月为我支付1 000美元，那么，作为一名自由职业者，我每月可以赚到5 000美元。"
- "我不需要公司福利，它们被夸大了，我可以找一个本地的人才中介，帮我制定一个更好的计划。"

这个场景已经是过去式了。你还要有其他方面的考虑，比如总成本和特殊情况。然而，将这个例子应用于你自己的生活，根据需要相应地改变数字，你就能看到自己可能会实现的新愿景。

收益。当你意识到100万美元需要1 000人各支付1 000美元时，你的大脑就应该开始高速运转了。

- 当你意识到10万美元是1 000名顾客各支付100美元时……
- 当你意识到6万美元的年薪只是2 400本单价25美元的

电子书时……
- 当你意识到单价 25 美元的任何东西乘每月 200 件，再乘 12 个月就是 6 万美元时……

这时你就会明白，只要拥有 10 个这样的小型事业，就能够对你和他人的生活产生巨大的影响。

沉没时间。如果你每周花 40~80 个小时为别人的梦想工作，那么你还有时间做别的事情吗？如果你利用 EDO 的时间翻转原则释放大量的时间，你便也在你的生活中创造了足够的空间来开展一个专业的副业项目，或者在你现有工作的基础上愉快地堆叠新项目。

同步时间。在你实践时间翻转的过程中，你可以赚取多少时间和金钱？如果你能赚到足够的钱，金额不比你现在的工资低，同时不会对你的日常工作产生不利影响，会怎样呢？如果能在更短的时间内赚到更多的钱，会怎样呢？

投资梦想

我的大儿子跟朋友们计划去玩高空跳伞来庆祝他的生日。那一天，雷利刚满 18 岁，终于要玩跳伞令他感到非常兴奋。我从未想过要去跳伞。我一直对跳下飞机的想法感到害怕和焦虑。但是，雷利邀请我一起去，而我也不想错过跟他一起体验心跳的机会。

老实讲，对我来说，能跟儿子一起做这件事，即便"挂了"也无憾，但是这个可能性不大。出乎意料的是，我在跳伞时竟然出奇的平静，太有趣了。我们一起度过了最美好的时光，那次是我生命中最精彩的经历之一。

走向停在跑道上的小型飞机时，我的跳伞教练问我是做什么的。我告诉他我是一名作家，也是一名做国际贸易的企业家。在接下来的飞行时间里，他跟我讲述了他通过玩一款以加密货币为基础的游戏来赚钱。欣赏过瓦胡岛的美丽景色后，我们着陆了，儿子告诉我他的教练也跟他说了同样的事情。

他们从网上赚了很多钱，将大部分游戏外包给了世界各地的自由玩家，把时间留给跳伞。他们确实赚了不少钱，雇了很多人（几百人）。我儿子回到家后研究了一下，注册了自己的账号。这些跳伞者通过虚拟副业项目为自己创造了更多的经济赛道，比飞机起飞降落的跑道还要多。

谋生和赚钱的渠道太多了，所以你需要选择一条适合自己的渠道。这一代人，也就是现在这一代人，拥有着前所未有的机会。

丰富的机遇伴随着挑战，但是你应该迎接挑战，直面挑战。

心怀感激。世界上有数以百万计的人每天靠不到两美元维持生计。不要对此冷眼旁观。慷慨地付出你的时间。尽管在帮助别人解决困难时，我们也在面临着自己的挑战。但是，无论如何，都要乐于助人。

你要认识到这样一点：如果你公然无视自己的时间，那么，别人也不会把你的时间当回事。你也属于一种自然资源，如果你不介意的话，企业会将你耗尽。你不是第一个将最好的年华奉献给公司的人。是否要重新补足你的时间，你自己说了算。

如果给你选择的机会，你会用你的时间做什么？你会去哪里？你要如何谋生？你有很多机会可以改变这一切。

新时代的工作正在向承包商和创业家转移，企业也转向自动化。为企业的工作匹配自由职业者，或为自由职业者匹配企业项目的机会非常多。在这个世界上开辟自己的一番天地，与喜欢的人做喜欢的事，这就是你要把握的机会。

你的优先事项意味着必须将你的优先事项放在优先位置。

你注意到了吗？

如果你想加入新的全球人才市场中，

注意力会为你带来收入。

改变收入模式要点总结

赚钱的方式有千万种，然而，无论你的收入多少，决定生活方式的仍然是你的收入模式。再读一遍前面这句话。这很重要，因为即使是那些辞职创业的人，在为自己创造另一份工作的时候，他们也有可能会搞得一团糟。

- 好消息是什么？关于薪酬的福音在于，你可以通过改变收入模式来改变生活。
- 你的生活方式与你的收入模式、你的工作地点以及提交工作成果的方式息息相关。
- 现代工作是史上比较新的一项创造，因此要学着聪明一点。那些整天坐在那里盯着亮光的人，注定会像车灯前眼睛被光线蒙蔽的小鹿一样被撞翻。
- 时间翻转为一个人创造巨大的价值，而不是为几个人创造最小的价值，所以你可以做得更好，释放大量的时间，然后把这些时间投入其他事情中。
- 如果你想为一家公司工作，你要做的就是将时间翻转工具用于你的工作，重返生活，你的工作方式（不一定是你的工作内容）决定了你能拥有多大的自主权。
- 如果你经营着自己的生意，你要做的是，通过时间翻转项目赢得更多付费顾客或客户的信任。
- 如果你想更多地了解一个职业、行业或项目，你要做的是，找到（而不是成为）导师，作为时间翻转的解决方法。

当你改变了收入模式时，你就在城堡周围建立起了战略护城河和经济护城河，获得了对城堡更多的掌控权，从而更好地保护你的利益。拥抱你的四个目的项目，以生活为中心，使你的职业优先项目保障你的个人优先项目。利用时间翻转改变收入方式，让自己重获自由，这样也可以有时间帮助到更多的人。

改变收入模式如下图所示：

改变收入模式

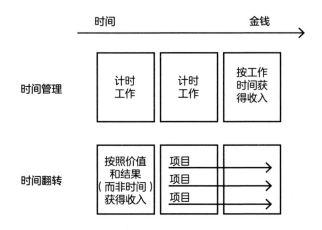

改变收入模式

现在轮到你了。这项练习将帮助你充分思考你的选择，改变收入模式，进而改变你的生活方式，并且帮助你迈出从制定目标到做出决定的一步。

修建经济护城河

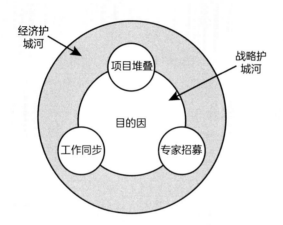

1. 承认自己可以选择获得收入的方式（这不容易，但还是可以选择）。

2. 之前是什么阻止了你这样做？

3. 这次你将采取什么不同的做法？

4. 你想完成哪些有意义的工作（项目）？

5. 每月至少赚多少钱才值得你投入时间？（我们知道这没有上限……只需给出你现在认为的最低限度。例如，每个月需要多少钱才能取代你目前的收入？）

6. 每月要卖出多少价值单位的商品，才能保持理想的生活方式？（在这种情况下，价值单位可能指产品、小时、工作、工作时间、客户或服务。比如，100本电子书。）

7. 有了这些数字，你需要每单位价格多少，才能达到你的月财务目标？（用你的最低月收入目标除以单位数量，得到销售单价。比如，5 000美元÷100本电子书＝50美元/本电子书，得出目标单价。）

8. 这只是一个基础公式算法。根据需要重新填入数字。原则是以优先事项和生活为中心，然后围绕它们建立一个有效的商业模式。

9. 你将做出哪些决定（到截止日期）对你的现实状况进行时间翻转？

10. 填写下面的商业模式优化表，以帮助你改变思维方式，从而获得不同的收入模式。

客户（目的）

概述：谁是你的目标客户？
_____
_____

锁定范围：你的目标客户会在哪里出现？
_____
_____

营销：你如何能接触到你的目标客户？
_____
_____

价值（吸引力）

价值定位：你对客户最大的承诺是什么？
_____
_____

定位：相比于竞争对手，你的优势在哪里？
_____
_____

销售渠道：如何将承诺的产品或服务配送出去？
_____
_____

利润（收入）

定价：如何使利润最大化？
_____
_____

收入来源：怎样创造收入？
_____
_____

边际贡献率：每单位赚到多少钱？
（边际贡献率＝每单位售价－每单位变动成本）
_____
_____

珍惜时间,不要用时间衡量价值

第八章

珍惜时间，不要用时间衡量价值

怎样才能想做就做

> 我开始确信，时间管理并不是一个解决方案，它实际上属于问题的一部分。[1]
>
> ——亚当·格兰特（Adam Grant）

在我 16 岁的时候，我非常希望自己能赚到钱。我当时就寻思，在我们这个小镇上，最好的赚钱方式就是在杂货店或加油站找一份工作，或者在全县的集市上捡垃圾。我把我的想法告诉了父亲，令我惊讶的是，他跟我说："你不会想要工作的。"我问他为什么，因为我觉得工作是一件超级负责任、有担当的事情。他告诉我，将来我会有一辈子的时间来工作，而我现在应该专心学业，尽情玩乐。但是，我坚持要工作，并向他解释，我希望能够自己赚钱自己花，这样更自由一些。

然后，他就计上心来，有了一个计划。

他让我去一家西瓜农场，问一下能不能买下所有形状和尺寸都不太规整的西瓜。父亲说水果店不收这些西瓜，因此只能任其腐烂或被扔掉。

父亲给了我一笔创业基金，让我去跟他们谈买西瓜的事。我和弟弟埃里克（Erik）从加利福尼亚州圣迭戈北郡驱车前往位于埃尔森特罗的农场。我们把家用面包车的后座拆下来，把西瓜塞了满满一车，大约有100个西瓜。

回到家后，我拜访了朋友和邻居的父母，告诉他们，我们有一些外形不怎么好看的西瓜要卖，同时告诉他们，这些西瓜味道很不错，而且比水果店卖得便宜。当时快到独立纪念日了，为了方便他们来取瓜，我和埃里克在公园里支起了摊位，而这样我们也可以顺便卖给那些提得动西瓜的路人。

最后，我和埃里克卖光了所有的西瓜！我们在几个小时内赚的钱比一整个夏天打工赚的还要多，因为我们打工赚的将是最低工资。我本来计划将我的暑假交到别人手里，但是很明显，我的父亲对时间和金钱有着不同的想法。

回想这段经历，我感觉那是一个转折点，它改变了我的生活轨迹。

- 我明白了我不一定非得用时间换取金钱。
- 我学到了我可以用标新立异的思维方式来完成目标。
- 既然如此，赚钱和花钱的自由不一定非要通过从事像工作一样的事情来得到。

我相信，正是这段经历培养了我一种心态，使我和家人可以周游世界，收养儿童，做一些自己感兴趣的、与金钱无关的项目。

同样，你的经历也可以帮你开阔眼界，从而形成你的道德指南针。当其他人看不到你的格局时，你要予以理解。因为，当一个快速、传统的答案就摆在眼前时，你真的很难再看到不同的解决方案，即使后者要高明得多。所以，我今天在这里，根据我目前所在团队的福祉利益，分享一下什么是有效的，什么是无效的。

我们今天要解决的问题无法在网络上或书上找到答案，甚至本书也无法给你答案。我们要寻找的答案太个性化了，因此，你必须自己思考并采取行动。发散性思维和问题解决的教导原则及跨模式整合帮助人们开始着手解决自己的问题,而不是等待问题自己得到解决。三人行必有我师焉,留心处都有可以指引你的人,他们可以面对面、通过网络或以榜样的力量来引导你。当你听到或读到他们的故事时,你要汲取其中的经验和智慧,找到办法将你的价值观应用到自己的实际情况中,就像我的父亲教我如何在不打工的情况下还能赚到钱一样。

时间管理使工作和生活的价值观不一致

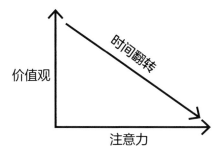

时间管理忽视了个人价值观,让个人的最大价值和优先事项只能得到最少的关注。此外,由于效率高于效益的不合理衡量方法,时间管理往往导致你在低价值的项目上花费了大量时间,让你在工作与生活上都表现平庸。

时间翻转使工作和生活的价值观一致

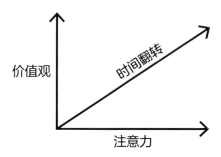

时间翻转者的工作原理是，让个人最大价值和优先事项得到最大程度的关注。

获得积极的时间回报

我曾问过全球顶级管理教练马歇尔·戈德史密斯（Marshall Goldsmith）[2]关于工作满意度和家庭满意度之间的关系，特别是在两者不和谐的时候。

马歇尔告诉我："我们对人们在工作和家庭生活中的满意度做过一项研究。研究发现，在工作中感到痛苦的人，一般在家庭生活中也很痛苦。因为这是他们对待生活本身的方式。"那些在工作和家庭生活中满意度较高的人，他们并没有"等待公司给他们幸福……而是自己从工作和家庭中找到快乐。人们习惯于在工作中或家庭中扮演一个受害者的角色"。他说，重要的是要问一下自己"哪些方面是我能对自己负责的？"你不一定能够解决别人的问题，但是你肯定能解决自己的问题。

戈德史密斯继续说道："不要过于执着结果。为什么呢？因为你不能控制结果。结果是许多因素的综合。有些因素能控制，有些则不能。不要让自我依附于结果。不能改变的就顺其自然。放下过去，专注于当下的事情。如果有计划，就尽最大努力去执行。然后重复这个过程。"

戈德史密斯对工作和生活满意度的研究发现：

只有员工体验到的幸福感和意义同时增加了，他们对工作的整体满意度才能提高。这表明，专业人员既不能单单通过成为"工作狂"，也不能通过"仅仅享乐"来获得工作上的满足。公司可能会希望减少旨在鼓励员工为公司大局做出牺牲的沟通，也可能想减少一些无意义的、鼓舞士气的有趣活动。我们曾经（错误地）猜测，那些在工作之外花更多时间得到短期满足的人，可能在整体满意度上得分更高。毕竟，我们认为，人们下班回到家并不是为了寻找意义，而是想放松。但是，我们错了。幸福感、意义和整体满意度在工作和家庭之间有着极其相似的相关性。研究发现，那些对工作之外的生活满意度较高的受访者，会花更多的时间参与那些能同时产生幸福感和意义的活动。

你不需要为了你的个人尊严或职业尊严而成为殉道者。保持谦逊，使时间符合你的价值观。

- 谈谈你想从你所从事的工作中得到什么样的生活方式。
- 不要让它成为秘密。
- 现在就将你的梦想融入你的商业模式中。

不要抱着"等将来某天实现价值观"的想法去安排生活。
你是否将目的融入了你梦想的生活方式中？

你正在巩固道路（无论好坏）

透过目的因的生活质量的透镜，你可以改变自己对所有事情的处理方式，做出更大的贡献，取得更大的成功，获得更大的成就感。

价值观与目的有着密不可分的联系。

对创始人、管理者或领导者来说，最困难的事情之一是，持续遭遇瓶颈时，仍然要扩大业务规模。瓶颈是由计划、违约或需求纠纷引起的。如果你想扩大规模，行得通的做法是，从一开始就将你的价值观融入规模即将扩大的业务中，但不要引入不必要的、被动的或冗杂的成本。你从一开始就应为了最终结果而采取行动，就像是用没有瓶颈的瓶子（或者根本就没有瓶子）来构建流程，实现最重要的目标。

> 愚蠢的自负是，发现走错路，还要执意走下去。
> 谦逊则是在遇到困难时做出正确的抉择，
> 发现错误要及时回头。

如果没有瓶颈，你会怎么做？请按照如下这样做。

无论你是采取时间翻转原则的企业家、高管、员工，还是操劳日常生活的人，请记住，你今天所做的一切都铺就了明天的道路。将你的道路（你的工作方式、日程、习惯、过程、策略和步骤）转化成它们本来不具备的样子（你的生活方式、家庭时间、旅行、元目标、自由、自主权），不仅成本高昂，而且有时候是不可能的。

> 有时候，最好的退出策略是，
> 创造一些你永远都不想离开的东西。
> 但是你可以说走就走，随时随地。

要实现你的梦想，先实践你的梦想

一位忙碌的高管联系到我，说他的年薪是 25 万美元，但是他的时间在流逝，他却对此束手无策，而孩子们也在渐渐长大，可能很快就要离开他，离开家。他需要更多的自由。虽然有钱很好，但是如果没有时间花钱，再多的钱又有什么用呢？他想辞职，然后开两家健身房。

我说："瞧，这可以赚很多钱。很不错。你是在告诉我，自由对你来说意味着，当你晚上睡觉时，你会因为怀疑有没有锁门而惊醒，因为你在管理健身房？"

我继续说："你想自由地陪伴你的孩子们，他们现在可能 13 岁了，而 5 年后他们就 18 岁了。经过 5 年的艰苦奋斗，你终于获得了自由。但是到那时候，你的孩子们也已长大成人离开家了。健身房生意是现在就能给你自由，而不用等到以后吗？"

此时，他意识到，这并不是他想要的下一份工作，除非他能雇一名管理者，并将业务外包给一个团队。但是，他并不想外包，因为他觉得自己是一个微观管理者，想亲力亲为。

再说一遍，你做什么不重要，重要的是你如何做，才能创造时间自由和持续的自主权。

许多人不愿意这样做，因为他们的控制欲很强，宁可工作脱节，收效甚微，也不愿在困顿时寻找出路。人们可以选择他们想要的任何梦想，为了梦想夜以继日地工作。只是，如果梦想不能实现的话，不要自欺欺人地告诉自己，这份工作会让你实现梦想。虽然我们无法控制生活中的大多数事情，但是时间翻转却可以在你处于两难时给你空间去权衡相关决定，帮助你在任何特定情况下选择你想要的出场方式。

你希望将来成为谁，现在就活成他的样子。

为了实现梦想，现在就开始实践梦想。

从不断做梦的梦想家到完成梦想的时间翻转者

不要空想。在为了实现时间自由而努力工作的过程中，我们常会遇到一个问题，那就是以一种不会，而且是永远不会提供时间自由的方式来工作。对那些自诩心怀梦想的人来说，当他们做出与梦想相左的选择时，他们注定会面临一路艰辛。盲目地从事那些不会让你更接近梦想的事业，就是我所说的空想主义。当你宁愿紧紧地抓住梦想不放（维持希望），也不愿意去拼一拼，努力获得回报

（害怕梦想破灭）时，你就成了一名空想家。

不要成为躲避梦想的人。冲浪时，管浪躲避者（barrel dodger）指的是躲过管浪（barrel/tube）的人，也就是躲过空心浪的人。同样，人们有时候准备好了要去实现一个梦想，但是在最关键的时刻没有继续向前，反而转身离开了。不要躲避梦想。要实现梦想：融入梦想，被梦想包围，翻转时间。

要避免空想，你必须采取正确的行动来填补空白。

记住：你的生活不应该只是通勤、工作、吃饭、上网、睡觉和看电视。你的生活应该充满由目的驱动的经历和项目，为生活注入激情和正能量，赋予生命本真的意义和快乐。

运用代数思维使赚钱服务于价值观

不要让自己成为解决方案的难题。

当你将自己从平衡的状态中抽离出来时，问一下自己："我怎样才能得到想要的结果，同时不用做不想做的工作？"如果你愿意，也觉得合适的时候，你也可以创造出让自己重新回到平衡状态中的解决方案。

我们的大脑就像计算器，但是它们却不会理性计算。

你认为对你来说，是什么让一件事情变得可能或不可能。你觉得无法解决的问题，你甚至都不去尝试。

与其说"我做不到"，不如利用代数思维进行思考。

问一下自己：

"我如何在 Z 时间之前做到 X，同时不让 Y 发生？"

代数思维帮助你分析模式、关系和事物的变化。你可能现在还没有答案，但是通过一些代数问答，你可以为大脑创造空间，从而想出解决方案。

你有没有在跑步、洗碗、洗澡、开车或坐火车时突然灵光乍现？这是因为你的大脑在后台持续工作着。所以，你要提出更好的问题，鼓励大脑进行时间翻转。

想要解决问题，代数问答比"我做不到这件事，因为……"更有效。

当创造性思维机器想在不伤害你的自尊的情况下解决问题时，你为什么还要关闭它呢？你比自己想象的要更加聪明，你的大脑能用优雅、简单、实用的方案来解决复杂的问题。打开思路，接受新事物、新思想的输入，你就可以用更好的问题创造更好的输出。复杂的尽头是简单。复杂的事情简单做，这绝不是一件简单的事。最简单的解决方案往往需要最高阶的思维。

你有没有给自己的大脑一些思考的空间，而不是直接告诉它要做什么？

建立自己的生活圈

我们面临的挑战在于，传统的实体工作、微观管理和"铁饭碗"思想是我们建立生活圈的核心。差不多是这样。生活圈是围绕下面这个"三步模型"建立的：

1. 这里是工作的地方。
2. 这里是围绕工作生活的地方。
3. 这里是上下班的地方。

只是，如今我们不需要再那样生活了。实体工作的观念已经过时。凡事应该更简单一些。

如今，只要你想，你可以在任何地方居住、工作，来去自如……你是这样生活的吗？朝九晚五的坐班观念也许是最不利于发明创新的一种工作环境了。这种工作方式对生产小部件的产业工人来说有效吗？可能有效。但是，除非这是你的商业模式，否则是时候重新考虑一下你对远程工作的反感了。如果你是老板，是时候检讨一下你对全职远程员工的反感了，并反思为什么没有实行科学管理。对员工的一举一动进行微观管理，这实际上是倒退的表现。

安全感来自知道自己是谁，并愿意为之奋斗。

维持良好的财务状况不一定非要牺牲你的生活。如果你选择一个项目作为副业，合同制工作会是一个不错的选择，因为你可以同时进行多项工作（你可以自己决定处理或接受委托的工作量）。你可以逃脱办公室的束缚，获得自由（自由是最高形式的回报）。

找一家可以远程工作的公司，或者与你的经理谈一下关于远程工作的问题。当你能以这种方式工作时，你会震惊于自己对工作的高度投入，因为这是你自己的工作。你可以在某个山顶或海中央的一艘船上用手机进行远程工作。这种感觉太棒了。

定高价

当特斯拉发布了一款售价 3.5 万美元的车型时，人们觉得这次大规模降价很反常，因为之前的车型售价要超过 10 万美元。他们为什么要如此大幅度地降价呢？从表面上看，这个决定与传统智慧相悖。

大多数人都会被便宜的报价"吸引入门"，但是最终你可能会对档次更高一点的产品感兴趣。然而，马斯克本人在几年前写下如下内容。

总体规划：

> 打造跑车,
> 用跑车赚的钱打造一款经济型汽车,
> 用经济型汽车赚的钱再打造一款更便宜的车型,
> 在以上计划进行的同时,提供零排放的发电方案,
> 不要告诉任何人。[3]

马斯克不必生产大量的廉价产品,他将高价车卖给少数客户,用这笔钱生产低价车卖给大众。此外,高价车帮助特斯拉赢得了关注,以排他性勾起了大批粉丝和拥护者的购买欲望。

然后,经过了耐心的等待,品牌名誉建立起来,在品牌曝光度最高的关键时刻,特斯拉正式推出了人人都想要的低价车型。你肯定也注意到很多其他品牌的电动汽车与特斯拉 Model 3 价格相当,对吧?但是,很明显,现在人们并不想买其他品牌了。[4]

让我们整理一下思路。

埃隆·马斯克说:"我认为非常重要的一点是,你的大脑要形成一个反馈回路,不断地思考你做了什么,以及怎样才能做得更好。"大多数创业者都是从面向小众的低价产品开始,他们自己也不知道为什么他们会因为资金流问题,以失败告终。自信一点,眼光放长远一点,就从卖高价产品开始,把事业做大做强。你应该找一位愿意花 1 000 美元的客户,而不是找十位花 100 美元的客户。

但是,大多数创业者并没有这样做。

相反,他们为了赚取分文而疯狂地工作。这是为什么呢?因为他们害怕。他们不愿意全力以赴去做长远打算。如果你为一个人创造了巨大的价值,而不是为几个人创造了最小的价值,你会做得更好,因为这为你释放了大量的时间,让你去做其他事情。

你可以现在就这样做。一切想法都始于你的头脑,而你大脑中进行的思考决定了你的实际状况。

你是否有魄力全力以赴去做长期打算？下面提供一个简单的方案：

- 打造一款高价位产品。
- 用第一款产品赚的钱打造第二款高价位产品。
- 再用第二款产品赚的钱打造第三款高价位产品。

如果你有 100 位潜在客户，把目标放在会喜欢你所提供的最大价值产品的 1~5 位客户身上。现在忘掉卖给其他 95~99 位客户产品的事情。

马斯克就是这样做的，而且人们喜欢他的做法。

同时，为还没有准备好购买（高价位）的 95~99 位客户免费提供超值产品，并培养跟他们的关系（通过电子邮件、团队建设和社会影响），使他们准备好与你进行更深层次的合作。

一旦受到了市场的欢迎，它会带来比你想象中更多的好处。如果你想的话，你将有很多自由来专注于打造低价位产品。

把自由、影响力和冲击力放在第一位。把扩展事业放在第二位。

或者，你可以继续做你正在做的……

珍惜时间，无须全能

你想要在工作上表现出色，并乐在其中，同时也能安享家庭生活，适时休闲娱乐。

事实上，即使成就高的人也并不具备他们所需的所有技能，因此，他们必须采取不同的方式，做他们愿意做的事情，招募专家来做他们不想或不能做的事情，以实现他们的价值观，改变获得收入的方式。

或许你可以仅凭一己之力就能完成一个项目，但是你为什么要这样做呢？如果独立完成工作对你来说是最佳方式，所以你才这样做，那么你没有什么可抱怨的，因为你已经明白了这种方式对时间的影响。

你不是机器。

如果我们必须时不时提醒自己这一点，是不是很奇怪？

抬头看看周围。就是现在。你看到了什么？

你周围所有的东西都是由某个人设计、规划好，然后外包给其他人执行、制造的。你也可以这么做。

改变优先考虑的时间（而不是内容）

践行优先事项与拥有优先事项是不同的。

你的优先事项可能在你脑海中已经有了主次顺序，而在实践中它们是没有顺序的，就像百万富翁选择将自己绑在椅子上，因为他们的业务围绕着他们所坐的旋转椅运转。

想实现你的优先事项吗？

改变你优先考虑的时间，而不是内容，静待你的优先事项实时发生。

永远都不会太迟

卡梅伦·曼沃林（Cameron Manwaring）处境艰难，离婚后，他慎重地退出了一家价值数百万美元的成长型公司。他内心惶恐，感觉自己丢掉了多年的经验，到头来一无所获。

我同卡梅伦分享了史蒂芬·M. R. 柯维曾经教我的经验原则，他说："有些人说他们有二十年的经验，但事实上，他们只有一年的经验却重复做了二十年。"

卡梅伦说：

"从那时起，我的恐惧消失了，我不再害怕自己在一份糟糕的工作中或一段糟糕的关系中浪费了几年的生命。我深信，只要摆正心态，集中精力，我就可以在两年的时间里获得二十年的经验。以后的日子里，我就依此来规划我的时间。我总会特别留心，不让自己因为忙而忙，而是关注成果。这样一来，我迅速改变了我的人生方向！我再婚了，有了两个可爱的孩子。去年，我的个人收入超过了我在之前公司前五年的总收入。

珍惜时间，不要用时间衡量价值，这和年龄或环境无关，而是关乎选择和决心。"

珍惜时间要点总结

如果你准备好了要彻底改变自己的生活方式，这里有一些快速技巧，帮助你为自己创造价值时间表、灵活性和自由：

- 选择那些使你有热情的工作。
- 无须依靠他人，独立启动项目。
- 邀请有影响力的个人和组织合作，让他们帮助你在特定日期之前完成项目。
- 围绕一个可以整合你的价值观的成功项目建立商业模式（赚钱方式）。

无论境遇如何，你都应该以一种能够创造金钱、意义和自由的方式，按照自己的意愿生活。相比卖出一件商品就赚取了1 000美元，卖出单价1美元的商品直到赚够额外的1 000美元会产生不同的时间约束（也会带来不同的生活方式）。记住：这并不是教你为了完成目标而走出舒适区，而是拓宽你的舒适区，直到你的目标也能和谐地融入其中。

珍惜时间，不要用时间衡量价值

这项练习将帮助你进行自我反思，思考一下如何珍惜时间，以帮助你变更优先次序，改变行为，重新点燃幸福生活。

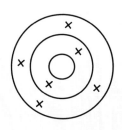

并不是为了完成目标
而走出舒适区。

而是拓宽你的舒适区，
直到你的目标
也能和谐地融入舒适区。

1. 如何使时间和金钱与你的价值观一致？以下问题并非全部适用，但是思考一下，这些问题如何应用于自己以及认识的人身上。

你早上几点起床？为什么？

你几点回家？为什么？

无论何时做何事，你都要征求别人的同意吗？为什么？

如果你换了一份不同的工作，你的生活方式会有任何改变吗？为什么？

你住在哪里？为什么？

你什么时候度假？为什么？

你有周一综合征吗？还是觉得周一跟其他日子没两样？为什么？

周一到周五的上午9点至下午5点，你会跟谁一起玩？为什么？

周末对你来说是放松时刻吗？你喜欢还是害怕周末？为什么？

2. 注意：这些都是与你的工作方式和收入模式直接相关的问

题。但是和你的收入多少无关。时间翻转是一项可习得的技能。

3. 再回头看一下这些问题，但是这一次问一下自己想做什么。当事情捋顺了，你也顺心了。当事情和目标不一致时，留出空间提出问题。这是今天的清单，你可以依此做出决定。

4. 如果你发现一些事情需要改变，不要掺杂任何感性因素。只需问一下自己，如何在仍然履行现有职责的同时做出改变。

5. 选择一种你愿意更好地融入你生活的价值观。

6. 现在，开始翻转时间！

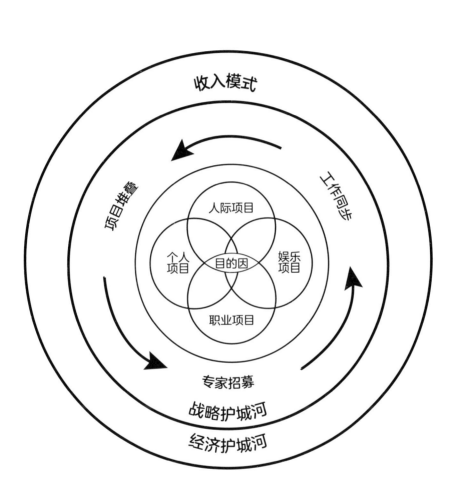

第四部分

多产

超越目标、习惯和优势,不要落后

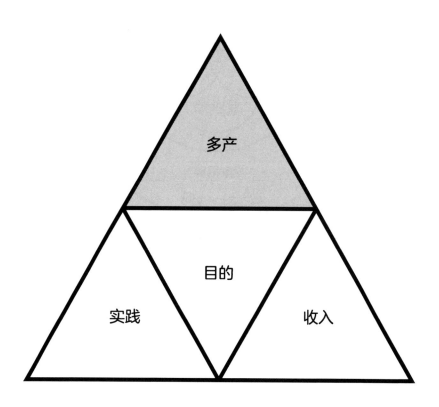

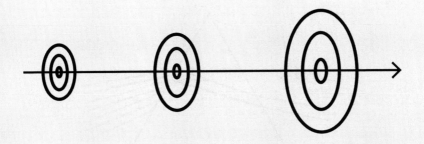

超越目标、习惯和优势,不要落后

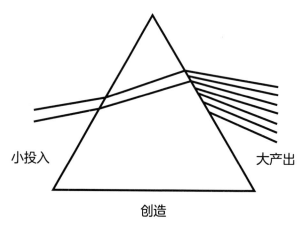

棱镜生产力

第九章

创造棱镜生产力

如何用小投入创造一系列大产出

> 我的人生使命不仅仅是生存,更是茁壮成长,伴随着些许激情、悲悯、幽默与格调。[1]
>
> ——玛雅·安吉罗(Maya Angelou)

在我的孩子还小的时候,我们一家和布赖斯(Bryce)、内莉·约尔根迈尔(Nellie Jurgensmeier)一起旅行了几个月。我们从犹他州的落基山脉到墨西哥的海滩,又去了加拿大欣赏美景,之后返程。

那次旅行是因为一时兴起。

我在一次活动中听过布赖斯的演讲,后来我们见面了。他想跟我讨论如何辞掉他的工作。内莉则想继续留在原本的工作岗位上。他们的梦想是像我一样,在旅行途中还能赚到钱。他们梦想着有一天,等有了自己的孩子,也可以带着他们踏上冒险的旅途。

我和娜塔莉告诉他们,我们很乐意与他们分享我们是如何做到这一切的,并邀请他们跟我们一起出发。途中,我们与布赖斯讨论了如何体面地递交辞呈,还能不伤害他与老板的良好关系。他后来做到了。我们也与内莉分享了远程工作的想法。她也做到了。旅行途中其乐无穷，我们赚到了钱，并在这个过程中创造了新的机会。

布赖斯说：

"很幸运遇到您，并跟您进行了深谈，您使我意识到，我确实知道能帮助别人赚到很多钱的交易和规则。您鼓舞了我，给了我信心。让我能够'改变问题，改变生活。'

距离我们第一次踏上旅程已经过去了五年，从 YouTube 视频上的一次公路旅行开始，我们现在已经在黄石公园外面拥有了一个房车公园，并亲自经营！真是令人难以置信！在打造这个公园的同时，我们也在制作相关的推广内容，所以我们在工作的时候双倍、三倍地投入，然后，想不工作的时候就不工作，一心享受我们在一起的时光。

现在，工作满满当当的日程表对我来说太陌生了。我们掌控了自己的时间表，当然，肯定还有需要改进的地方，但这种生活已经比以前好太多了。我记得自己在向某个人收取 1 000 美元的费用时是多么窘迫，而现在，我们即将与一家公司签订一份 20 万美元的合同！"

如今，他们带着两个女儿，开着房车到处旅行。

对我来说，他们夫妇是棱镜生产力的一个精彩的例子，用小投入创造了大产出。

我希望你能从这个故事中了解到一个事实，那就是，他们行动起来，努力实现了这一切。如果没有付诸行动，所有想法、书本、教练、视频、导师和建议都是枉然。

棱镜生产力意味着与他人分享你的成果，并帮助他们同样实现目标。你的生活、工作和事业不能依赖一个固定的心态。你必须以一种成长的心态来获得更多的机会，并在力所能及的范围内做出最大的贡献，并且通过与他人分享如何改变自己，成为促成改变的催化剂。

>翻转你的时间，同时鼓励他人也翻转时间

选择你的地图

  几个世纪以来，加利福尼亚州一直被认为是一座岛屿。

  我对此并不惊讶。我曾经遇到一个少年，他告诉我阿拉斯加州是夏威夷附近的一座岛屿。我迷惑不解，直到我看了地图，清楚地看到阿拉斯加州被作为一座岛屿画在了夏威夷旁边。

  如果你在中国，你会觉得中国处于世界地图的中心。如果你在欧洲，你会觉得欧洲处于世界地图的中心。我们看待世界、与世界相处以及与世界互动的过程，跟我们看地图、解读地图是一样的。

  我们使用的指南针只有在自己遵循的地图上才是有效的。

  所以，最好要有正确的地图指引！

  我们处于自己地图的中心。你的地图帮助你做出决定，使你走到了今天的位置，途中也不免走弯路。向前迈进需要评估你目前所处的位置，搞清楚你是否在正确的道路上前行，并且将你的生活重新调整到你想去的方向。重新思考是好事，但是，如果你处于错误的地图上，再怎么思考都是徒劳。

>如果你的指南针一直指向自己，你就走不了太远。

  时间翻转者内观自身，也向外感知世界。

  在音乐剧《国王与我》（*The King and I*）中，英国教师安娜

（Anna）给暹罗的孩子们展示了一份新地图，然后与他们一起唱起了《开始了解你》（*Getting to Know You*）。在新地图上，暹罗只有一点点大。安娜试着与这些跟她很不一样的孩子们相处，并且告诉他们，英国在这份地图上还要更小。但是，在歌舞结束后，这些孩子都露出了难以置信的表情，惊叫着："原来暹罗没有这么小！"他们的认知因为一张新地图而受到了挑战。[2]

你的自我认知会在不知不觉中发生改变，而你自己看待世界的新地图会使你怀疑这一切。如果你没有自我认知，自主权就会挑战你的认知。当你花费精力创造出更多的时间和金钱时，你就打开了新地图。新环境和新的处事方法本来就伴随着冒险和变化。时间翻转者遵循时间的宝藏图。只是，地图上标记地点的 X 符号是你现在所处的位置，而不是远方。

除了使用地图外，你还会用其他方式看世界。许多课程和大师会向你展示万花筒般千变万化的创意，却经常把世界从现实扭曲成幻象。

时间翻转者通过棱镜生产力的镜片来澄清他们的世界观和能量，将你看世界的方式转变成一个具有积极可能性的三棱镜。

使小行动产生大结果，珍惜有限时间，以衡量你的生活是否产生了巨大影响。

使小世界更小，使大宇宙更大

棱镜生产力是指小投入创造大产出。棱镜生产力需要精力高度集中，以时间为中心，以结果为导向，释放出一系列不对称的、多种多样的机会，从而使时间翻转达到最大的效果。

第九章 创造棱镜生产力

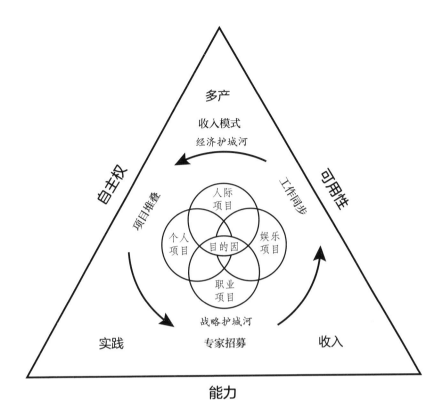

时间翻转框架如同一面棱镜，微小的投入经过投射就能创造出巨大的产出。棱镜生产力使得超高效率的人做了很多不同的事情之后还能有可用时间。在棱镜中，当一束白光照入其中一侧后，就会从另一侧折射出五彩缤纷的光线。

棱镜生产力可以使你逃离仓鼠轮，却仍然使轮子保持运转。我收到一位高管教练的信息："我困在一只巨大的仓鼠轮上。我准备跳下来，自由奔跑，但在最后一刻，我一直很紧张，或者有什么事情刚好发生，使我又停留在了轮子上。"许多人都有类似的感觉，他们一直在原地打转，却从未真正前进过，而且无路可逃。

当你意识到生命的脆弱时，你会特别重视那些重要的小事。我的妻弟加文和我们的儿子加文先后离我们而去后，在我们的时间翻转尝试中，棱镜心态对我和妻子来说尤为重要。

钟表上的时间并不总是与你的生产量有直接关系。找到时间与金钱之间的反向关系，以小博大，用小行动的力量创造大的、不对称的结果，这是一门艺术，可以为现在和将来创造更多的可用时间、金钱和机会。

> 增加了机会，输了。工作量很大，却收效甚微。
> 增加了机会，赢了。工作量不大，却成效卓著。

这并非埋头苦干与灵活工作的对比，而是珍惜有限时间，衡量你的生活是否产生了巨大影响。

棱镜生产力完善了那些细微的、基础的、被忽略的变化，从而将你从目前所处位置带到你想去的地方。

通过棱镜生产力获得金钱和意义

时间翻转教你根据目的做出决定，分成三个部分来产生棱镜生产力：优先事项、实践和收入，也就是城堡、战略护城河和经济护城河。

通过棱镜生产力，即时间翻转的综合体，加快重获时间的步伐，放大所得到的结果。取得成功的人在精神上首先确定目的；其次创造一种氛围，便于实践这种生活方式；最后根据其价值观和创造的价值来创建收入模式，并随该模式一起成长。

案例1：童书作者

埃维·琼斯（Eevi Jones）想写一本儿童读物，于是她就写了。然后，她想帮助别人写他们自己的传奇故事，她也做到了。再后来，她听从内心的召唤，与她钦佩的人一起写儿童读物。她又一次做到了。

埃维是一名越南裔德国人，是《今日美国》和《华尔街日报》的畅销书获奖作家，她与丈夫以及两个儿子住在哥伦比亚特区附近。她说，在她的整个写作生涯中，她因为遵循了一些最强大的概念，所以取得了今天的成就。如今，她采取行动，重整旗鼓，努力使人生无悔。

她说：

"我远离杂念，全神贯注地朝着目标采取行动。如今，我已经独立撰写、合著、代笔了50多本儿童读物。在写这些书的过程中，我逐渐理解了勇敢意味着什么。对我来说，自信需要勇气，而勇敢也需要自信。

如果你跟我一样的话，可能担心被拒绝，或者不敢尝试新事物，害怕失败。我在一本儿童读物中写道：'后悔自己没有做某件事的感觉是最糟糕的，就像一块大石头压在心口，让你喘不上气来。采取行动只需四两力，而后悔却有千斤重。所以，十年后，你会希望自己完成了什么？'我时刻提醒自己，我不想在以后的日子里感到遗憾和后悔，这一直在激励着我去采取行动，这是我迈向目标的第一步。

因此，为了能有更多时间陪伴家人，我知道自己必须采取行动，只专注于核心业务。一点点勇气，加上不想在将来悔不当初的一丝不甘，使我能够摒弃杂念，专心致志地朝着目标前进，一步一个脚印。"

案例2：实现梦想的人

拉蒙·雷（Ramon Ray）[3]在联合国工作了十几年。这份工作薪资丰厚，足够他养家糊口。但是，他总觉得少了点什么。当时，他并不确定自己想要什么。但他知道，他喜欢打破常规，喜欢标新立异。最终,他被解雇,因此开始创业。

拉蒙说:"一个人所有的梦想和行动都会对自己产生影响。当我们摸索着乐观向前时,也会对以往的错误和未实现的愿望耿耿于怀,对原本可以取得的更大成就唏嘘不已,这些都让我们的内心备受煎熬。"诚然,生活是疯狂的。

到目前为止,拉蒙已经创办了四家公司,并卖掉了其中两家,按照他的描述,这些公司都"小而精",他对它们一直保持着热爱。他在科技行业建立了稳定的大品牌客户流,这些客户邀请拉蒙在他们的公司活动中做演讲,为他们制作活动内容。他努力工作,以一种富有成就感的方式优先安排这项工作。

他说:"我现在有时间陪伴家人和朋友了。我可以参加教会的各项活动,为需要的人提供服务。我可以尝试新项目。"实际上,他曾经接受白宫的邀请,与知名人士同台,采访过美国总统,他也曾采访过真人秀节目《创智赢家》中的五位富翁。

感受总观效应的清晰认知状态

当宇航员进入外太空时,他们不仅看到了一个不同的世界,而且认知也变得清晰。

1969年7月16日发射当天,阿波罗11号的机组人员成为第一批从太空俯瞰地球的人。奥尔德林(Aldrin)将地球形容为"镶嵌在黑色天鹅绒般的太空中的一颗璀璨的宝石"。[4] 这种清晰的认知状态被称为"总观效应"(Overview Effect)。当你驶离地球,远到完全对这个蓝色星球上生命的脆弱和人类的共性心生感慨和敬畏时,就会产生总观效应。这是一种理解了大局的神秘感,感觉自己与地球上错综复杂的生命过程息息相关,然而又超越了这一切。

你的浩瀚宇宙始于云层之上的认知。

总观研究所（Overview Institute）联合创始人大卫·比弗（David Beaver）讲述了阿波罗 8 号任务中的一名宇航员的感想："最初飞向月球时，我们的全部注意力都集中在月球上，没有想到回望地球。但是现在，我们做到了，这很可能就是我们去到那里最重要的意义所在。"哲学家兼作家大卫·洛伊（David Loy）说："这确实让人震惊，我们所有人都没有想到这会给我们带来如此不同的视角体验。我觉得重点是：我们要飞到星星上，飞到其他星球了……突然间，我们回望自己，这似乎意味着一种全新的自我认知。"[5]

为事物保留空间，也能使它们成为焦点。

从外太空的视角描述地球的一个比较普遍的词是"脆弱"。

你的世界是脆弱的。

一张全新地图。像探险家一样，宇航员在新地图的冒险中，重新定义我们看待世界的方式。在这个过程中，那些敢于探索未知世界的人也重新定义他们自己，以及其他人。但是，一张新地图是探险家们真正要寻求的东西吗？还是说，绘制地图对他们来说只是一个工作项目，来帮助他们通过寻求目的因实现他们的个人梦想呢？

将工作和生活的梦想结合在一起，是伟大的父母、发明家、艺术家、创造家、探险家、企业家、专业人士、运动员、科学家的标志，这种做法就像一连串的积极变化。

优先关注优先事项

时间翻转者以不同的方式看待世界，他们重新定义地图，明确将最重要的事情纳入视野范围内。时间的推移与季节的变化给予了我们时间和理由，使我们无论在地图上的任何地方都能创造意义。不管有无令你分心的事情，只要将生活节奏和注意力同步于以目的为中心的优先事项，就能使你的时间和行动保持一致。

- 时间翻转中的注意力同步（attention synchronization）可以动态地处理你的时间需求，以实现你的目标灵活性和效率。
- 时间翻转中的节奏同步（rhythmic synchronization）可以从你的生活中提取模式，并按照你的预期将活动中的人际关系移动到你的可用时间。

要让工作和家庭优先事项在节奏上保持一致，使自己不留遗憾的关键在于注意力。

时间灵活性取决于你对优先事项的选择。

当你所做的事情就是你一直想做的事情时，为更多的事情创造更多的时间就不那么重要了。

识别生活中的生产力悖论

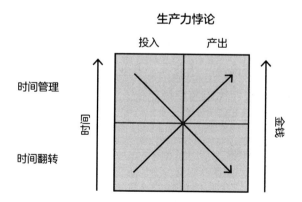

生产力悖论（Productiving Paradox）是指小投入可以获得大产出，而大投入也可能只获得小产出（正面或负面的不对称结果）。

当小投入能够创造大产出时，就能发挥棱镜生产力。

通过时间翻转框架，棱镜生产力意味着，一个决定转化成了多种令人快乐的结果，也就是带来一系列新的工作和生活选择。你在赚钱过程中投入的精力与你赚到的钱并不对等。

时间翻转者并不是在拿时间和结果做赌注，他们找到了一种方法，即通过检验自己当前的想法来降低风险。他们将时间和精力投入他们期望的结果中去，当下就尽情享受那些结果会带来的好处，同时在实现最终目标前，创造与目标一致的工作，来帮助达成这个目的。

通过时间翻转，让行动与目标一致，你就可以接收、处理和分享有效和无效的信息，勇敢地尝试想要的生活。你的独立取决于你能信任的人和工作过程的独立。

优先事项、困境、多产、拖延症、完美主义

我和娜塔莉在刚结婚的时候设定了一个目标。几年前，她在自己的博客上提到过这点：

我和里奇非常努力地工作，有计划地安排我们的生活。在刚结婚的时候，我们坐下来，就我们希望的生活的样子和感受坚定不移地确定了我们的优先事项。（不出意料，这些目标大多和我们希望为孩子们提供什么样的生活有关）

我非常高兴地宣称（更多的是对我自己而不是对别人），尽管经历过很多困境、阻挠、挫折和完败（是的，不止一次），我们还是在两个人一致认为最重要的事情上坚持了下来。其中一个例子就是，我们依然早上一起开车送孩子们上学，下午又一起接他们放学。

我们一直都在很努力地实现更大愿景，而这只是其中的一个小例

子。这并不是说我们已经做得非常完美，我们仍然还有很长很长的路要走，但是我们一直在正确的道路上，朝着我们计划的生活前行，这让我们感到振奋和满足，只是想到这，我心中的喜悦之情就溢于言表。

每个人想要的理想生活各不相同，但是朋友们，设法搞清楚你希望你的生活成为什么样子，让自己忙碌起来去创造你梦想的生活。你可以做得到，而且你会很高兴你这样做了！让我把我最喜欢的凯伦·兰姆（Karen Lamb）女士的一句话送给你们："明年今日，你会希望自己此时此刻已经开始行动了。"

当你确定了自己想成为怎样的人时，就会知道该怎么做了。

如果我们想尽情地享受生活，一路走来，我们成为什么样的人，远远比取得什么样的成就更重要。

你我都不完美，也永远不可能完美无缺。

所以此时此刻，你我皆要全力以赴。

多产比拖延更接近完美。

即使遭遇意想不到的困境，也要为你的优先事项赢得少量的时间（并优先安排如何支配这些时间），这是一个革命性的重大胜利，雪球会越滚越大，影响也会势不可挡。

- 如果你今天能赢得一个小时的自主权，谁又敢说你明天不能再赢得一小时，一整个月的假期，一年，甚至两年的完全自主选择权？
- 如果在接下来的两年、五年甚至十年里，实现了你一生的选择和目标呢？
- 如果这只需要几个月或几个星期呢？

有时候，你真正想做的事情是履行责任，不亏欠自己和家人。

不要将自由时间束之高阁。

个人成长和幸福的关键是，
知道规划未来与破坏当下之间的区别。

为棱镜式成功制定策略。

为棱镜生产力同时选择金钱和意义

小投入获得大产出的一个最成功的策略就是，在进行专业项目时，同时选择金钱和意义。

下图是我创建的"金钱与意义"矩阵（Money Versus Meaning Matrix），它帮助我决定要开展哪些项目。同时我也发现，这个矩阵在与客户合作时也非常实用。事实上，这个工具已经使深陷困境的机构和企业家们在其业绩和收入上扭亏为盈。它的成效非常显著，因此从事各种项目的一些最大的销售团队都是围绕着这个工具组建的。该工具帮助他们获得成功，并根据他们的愿望定制工作。

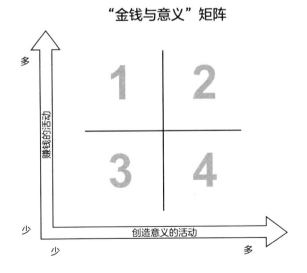

"金钱与意义"矩阵

区间1：你能赚很多钱，但是，工作对你来说没有真正的意义。当然，你对自己事业上的成功很自豪，但是，你发现自己很容易筋疲力尽（或兴致缺缺，或两者皆有），你希望自己从工作和生活中得到更深层次的满足。表面上看，你似乎得到了一切，但是你内心肯定觉得缺了些什么。你渴望施展满腹的才华和热情，在你的领域（或其他领域）体现自己的价值，但遗憾的是，你只是在埋头赚钱。

区间2：你在赚钱的同时，也能从你所从事的有意义的工作中获得真正的满足感。你很高兴自己过着一种可持续的舒适生活，你对自己的工作很满意，并且你对自己在自己的领域或对世界做出的贡献深感自豪。朋友们，区间2是"最佳位置"。

区间3：你似乎一直在努力维持着生计。收入好像永远不足以让你体验真正的、可持续的财务安全，更不用说取得成功了。此外，你所做的工作似乎毫无意义。你可能会觉得自己陷入了困境，幻想着如果现实是另一番景象就好了。你甚至时不时地感到绝望，拼命地祈祷奇迹会出现，能使你目前的状况有所改观，或者机会可以主动降临到自己头上，可以让你做一些不同的事情。

区间4：你所从事的工作是充实而有意义的。你热爱你的工作。工作使你精力充沛、神采飞扬。但目前的状况是，这份工作根本无法为你赚到足够的钱来养家糊口。你可能会发现自己很忌讳谈钱，缺乏稳定收入来源的窘迫使你垂头丧气、倍感压力，而你想做的只是能给世界带来些许改变而已。你愿意付出一切，使自己不再担心下一次工资何时、何地、如何到你手里，是不是足以维持生计。有意义的工作很棒，但是，如果你处于区间4，而且你的工作赚不到钱，你可能会感到强烈的内心冲突或陷入"使命漂移"（mission drift），因为不管你所做的工作实际上如何有意义，你终究还是要食人间烟火的。

创造棱镜生产力

棱镜生产力让你不管在什么情况下都能成为最好的自己,有时间去享受生活,帮助他人。

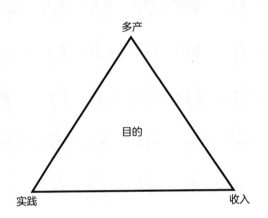

第一部分:回答以下问题。

1. 我的选择和行动使我离我的最优先事项(4P)更近了还是更远了?

2. 如果我的选择使我更接近我的目标,我如何通过时间翻转框架实现这些目标呢?

3. 如果我的选择没有使我更接近我的优先事项,我需要改变我的选择、日常活动或优先事项吗?

让4P成为你生活中最重要的事情,将它们看作你的北极星。时间翻转框架中的4P是帮助你过滤机会的棱镜。

第二部分：回答以下问题。

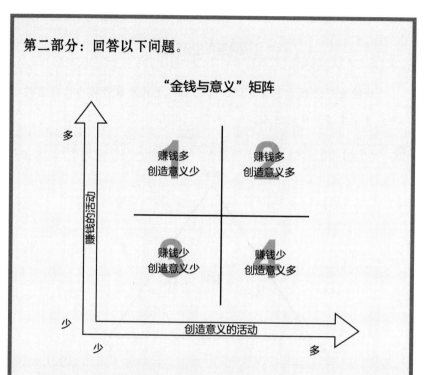

简而言之，"金钱与意义"矩阵就是：

1. 在合适的位置标出你目前的优先事项和目标，优化你的目的因项目和收入模式，使其达到区间2的标准。

区间1：你可以赚很多钱，但工作对你来说没有意义。

区间2：在赚钱的同时，你还可以从有意义的工作和生活中体验到真正的满足。

区间3：你似乎一直在费力维持生计。

区间4：你所做的工作让你满意，并能带来有意义的变化。但它不能使你维持财务状况，你正经历着"使命漂移"。

所以，你目前处于哪一区间呢？

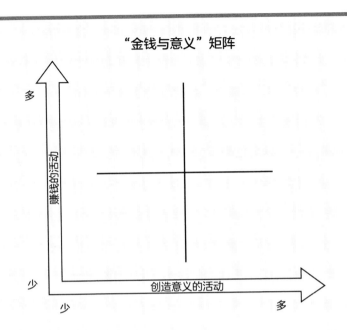

"金钱与意义"矩阵

2. 标出你目前的状况，然后问自己：

我为什么处于这个位置？我怎样才能从我目前所处的位置到达我理想中的位置？

我是否愿意为了到达那个位置而做出牺牲（或维持现状）？

今天我可以做一件什么事，使自己离区间2更近一步？

3. 将你的目的因项目和收入模式与区间2的相关标准保持一致，决定要将精力聚焦在哪些活动上，以产生棱镜生产力，使自己在生活中获得更大的意义。

重点围绕你的4P目的因项目打造与目标一致的业务模式，以创造有意义的生活方式，同时又能持续满足你的经济需求。

提出更好的问题，得到更好的答案

第十章

提出更好的问题，得到更好的答案

如何快速提升你的思想境界

> 永远不要丢掉神圣的好奇心。[1]
>
> ——阿尔伯特·爱因斯坦（Albert Einstein）

在阿尔伯特·爱因斯坦去世前几个月，一个年轻人（哈佛大学的一名新生）没有预约就到爱因斯坦家里拜访，并且问道："实践能赋予我们真理吗？"

爱因斯坦说："这个问题很难回答。人们总是看到一些东西，却又不确定自己是否真的看到了它们。真理是一个语言概念，这个问题不应交由数学来解答。"

爱因斯坦"穿着凉鞋、宽松的休闲裤和灰色的套头羊毛衫，没有打领带的衬衫在脖子处敞开着……他的眼神清明睿智，呈现于世人眼前的似乎不仅仅是一个凡人，而是纯粹思想的化身"。

一番交谈后，爱因斯坦给出了一个忠告："一个天资聪慧的孩子，如果没有知识的引领，长大后也会泯然众人矣。然而，每个人的生命中都会有一个时刻，只有直觉可以帮你神不知鬼不觉地得到升华。"

赫尔曼斯教授（Professor Hermanns）是爱因斯坦的德国老朋友，他"志愿参加了第一次世界大战，经历了凡尔登战役中惨无人道的大屠杀而侥幸活了下来，之后被法国人俘虏并囚禁了三年……然后逃离希特勒"。他提示爱因斯坦说："你真的相信灵魂的存在。"

爱因斯坦说："是的，如果你指的是使我们渴望为人类做贡献的生命精神的话。"

爱因斯坦转过身，对年轻人说："难道光的波动问题没有激起你的好奇心吗？"（年轻人的父亲后来谈论道："这个问题的最美妙之处在于，爱因斯坦直接假设了这个孩子会理解他的话。"）

爱因斯坦进一步问道："难道这个问题不足以让你一生都保持好奇吗？"

年轻人回答："当然会。我想我会的。"

然后这些问题引发了后面最美妙、最深刻的一番讲述。

"那么不要停下来思考你为什么会做现在所做的事，不要思考你为什么会提出问题。重要的是不要停止提出问题，因为好奇心有其存在的理由。"爱因斯坦分享道。

"当一个人思考永恒、生命和现实背后奇妙结构的奥秘时，一股敬畏之情不禁油然而生。即使我们每天只领悟一点点这个奥秘，那也已经足够了。永远怀有一颗神圣的好奇之心。不要努力成为一个成功的人，而要成为一个有价值的人。在这个时代，谁从生活中得到的比付出的多，谁就会被认为是成功者。但是，一个有价值的人付出的永远比得到的要多。"

临别时，年轻人指着爱因斯坦院子里的一棵树问："我可以如实地说它是一棵树吗？"

爱因斯坦回答说："这一切可能只是一场梦。你可能根本就没有看到它。"

年轻人回答："如果假设我能看到，我如何确切知道这棵树的存在及其所在呢？"

爱因斯坦随后传授了他的智慧："你必须假设一些事情。很高兴你对一些自己还无法参透的事情有了一点了解。但是，不要骄傲自满、驻足不前。"

并非所有问题都有答案，但是每个问题都可以使你保持好奇心。

想要以一种开放的心态，去学习、去了解、去做一些你还没有体验过的新事物吗？经验不能造就一切，当你不知道具体该做什么时，直觉、假设和一点额外的知识可以帮你实现飞跃。

传统的爬梯式努力使人们不敢提出问题，不敢去追求他们有限的经验以外的梦想。这些爬梯的人不敢在自己的爬梯经验以外寻找答案，因为他们害怕出错或出糗。

当你不清楚你看到的是什么时，就提出问题。保持好奇心。不要驻足于自满。

不要凭固有经验设定目标。

经验内的目标是任务，经验外的目标是成长。

提出更好的问题

"我的妻子凯蒂（Katie）在几年前被诊断出患有多发性硬化症，治疗欠下了大概5万美元的债务。"肖恩·范·戴克（Shawn Van Dyke）说。

"建筑公司高管的工作并不能使我们还清债务。另外，我一周工作60~70个小时，从来都没有时间陪伴我的七口之家，这让我一直感觉压力很大。我需要换一种工作方式，能赚到更多的钱，而且不需要我一直待在办公室或守着建筑工地。我需要灵活安排时间，这样我就能照顾到我的妻子。但是，最重要的是，我想在妻子的身体条件还允许时，陪着她和家人一起去旅行，去探险。"

我问肖恩未来两年的计划是什么。他的目标很远大，但是，他认为在销售东西之前，需要两年的时间建立客户群和博客。听到这个后，我决定问他一个不一样的问题："如果你能在接下来的4~6个月内达成目标呢？"

肖恩问："我能吗？"

当然，没有人可以肯定。但是我们有理由相信，如果没有对他的博客持续关注两年的话，两年后才关注到他的一个人与现在关注他的同一个人并没有什么本质上的不同。

"既然都已经准备好了，为什么还要等呢？"

带着这个问题，肖恩开始了他的工作，他找到了加快"开始了解你"（get to know you）项目过程的方法，并开始销售。他在开始的两周内赚到了他原以为要两年才能赚到的钱。

时间来到五年后，肖恩说："我已经成为一名最受欢迎的作家、国内知名的主题演讲者，并为承包商们创办了商务培训和教练学校。我现在可以选择自己的工作时间，陪伴家人一起旅行，而且我的生意可以自行运作。我的工作量只有以前的一半，收入却翻了两番。"事实上，肖恩荣获了IKON年度企业家奖。

学会向自己提出正确的问题，可以使我们直接跳过学习曲线。问题激起了肖恩的好奇心，改变了他对待生活和时间的方式。他的目标和成就已经远远超出了他在我们最初谈话时的目标。通过这种方式，你可以过渡到不同的角色，创造出混合解决方案。

第十章　提出更好的问题，得到更好的答案

不同的问题创造不同的生活

我的一位导师曾说："提出更好的问题，可以得到更好的答案。"这句话是导师随口说的，我却把它记在了心里，并且一直秉着科学的态度来践行它。

尼尔·胡珀（Neal Hooper）在一家财富100强公司工作，收入稳定，但他却时常感到痛苦。他问自己，怎样才能优先考虑他的优先事项。这个简单的问题改变了他的人生轨迹。他说："以前的我曾处在人生的岔路口，不知所措，但是如今的我充满激情，有理想，有目标，过上了一直向往的生活，并且有时间优先考虑我最重要的事情。"

简·奥希罗（Jan Oshiro）处于一个两难的境地，因为她的丈夫在52岁时残疾了，并且长期护理保险拒绝承保。鉴于丈夫的身体状况，简不知道当丈夫需要长期护理时该如何支付这笔费用，而且由于租赁市场崩溃，她的租赁投资组合已经变成了负数。她是一家运输公司的总经理，忙于拯救一家破产公司。她每天因各种琐事、争执和入不敷出而焦头烂额。

她问自己，怎样能赚点外快。

简说："我培养了一项爱好，开始设计和销售治疗宝石首饰。我创建了一套体系，可以释放我的时间，让我享受根据我的爱好打造的事业；我还可以经常去旅行，并投资资产，以保证在退休时可以实现财务自由。我在65岁时实现了这一目标，而我将在66岁时退休。这样做的美妙之处在于，我工作是因为我喜欢工作，而不是因为我需要工作。财务自由让我对一个人应该如何规划自己的生活有了新的看法。不用计较柴米油盐的生活是美好的。

她建议说："你要寻找机会，回报社会。先利用时间翻转的关键因素专注于全职工作，直到兼职爱好的收入超过全职工作的工资。然后全力运用时间翻转，你将火力全开，一路坦途。"

史蒂夫（Steve）和盖尔·哈勒戴（Gail Halladay）做了一点小生意，在亚马逊上卖清洁厕所用的浮石。他们先对竞争对手做了研究，浏览了亚马逊上有关该产品的评价，了解了客户投诉的问题，然后与一个供应商合作制造了更好的产品，拿下了第一笔订单。他们说："我们对第一批货投资了几千美元，仅此而已。我们从未进行过融资，只是通过利润再投资来保持业务增长。又过了五六年，我们打败了亚马逊上所有的竞争对手，包括已经经营了75年的市场龙头；我们在亚马逊上有接近1.9万条评论，获得了4.6星好评（人们追求厕所洁净的情绪高涨）。我们刚刚以接近200万美元的价格卖掉了我们的业务，而我们最初的投资只有3 000美元。还不错。"这真的非常不错。

肖恩·麦克莱伦（Sean McLellan）是由他的祖父母在一辆有着几十年历史的露营车里养大的。他们花了十年时间亲手建造了他们的梦想之家——一个19世纪风格的木屋子，用手伐原木一根一根搭建起来的。肖恩说："我们根本就没有钱。几乎是身无分文。"肖恩长大了，与梅尔（Mel）结了婚，后来搬家开始了自己的生活。

有一次，他问自己："如果挣钱这件事没有那么重要了，事情会是什么样呢？"他说："我回到家，也问了妻子同样的问题。如果我们不用忙着赚钱，那么我们每天的生活会是什么样？她的回答跟我的几乎一样：在离我祖父母近一些的地方，找一块地，拥有一个花园。那么现在，我们到底在做什么呢？为什么不直接想一下，怎样去做我们最终想做的事情呢……就现在？"

三个月内，他们在祖父母隔壁买了房子，搬了进去。最终，肖恩和梅尔开展了一项和孩子及祖父母有关的业务。他们赚了足够的钱，还清了全部债务。还完房子的钱后，他们从祖父母手中买下了老两口的房子，让他俩免费住在里面。最后，他们卖掉了他们的生意。

肖恩说：

"我们一家人在一起过得很幸福。我现在有更多的时间陪伴我美丽的妻子、我们的孩子和祖父母。不幸的是，我祖父在去年年底意外离开了我们。事实证明，搬到他们隔壁，开始我们过去十年的改变之路，是完全正确的决定，甚至比我们原来想象的还要正确。虽然失去他很难过，但是，如果我不得不带着孩子住在离他很远的地方，没有住在彼此的隔壁，没有一起做生意，我可能会比这难过百倍。现在，我们正在充分享受着我们的生活。"

你提出的问题指引着你的未来

请思考下列问题，你脑海中出现的第一个答案是什么？

- 你是否觉得，等将来有了更多的钱，就会有更多的时间？
- 目前，你是否将大部分时间用在了目的因优先事项上？
- 你的工作是否比家人和朋友重要？

提出更好的问题可能会在你想要的与你如何实现它之间制造一个让你感到不适的落差。

从目的因问题开始行动

当你一次次为了追求成功去解决问题时，它们中的大多数问题都有着充足的处理空间，存在各种可能的答案。从这个意义上说，为了最重要的事情而走向你想要的成功（而不是遵循时间管理者为了自己的目的而创建的错误地图），就如同从太空俯瞰地球时所产生的总观效应，你可以更敏感细致地带着欣赏之情看待这个世界。有意识地从目的因出发提出问题，问一下自己，如果你已经准备好进入时间翻转环境了，你会怎么做？

预防火灾

我们的冰箱着火了，于是我们迅速拔掉插头，火灭了。事实表明，这是滤水器故障导致滴水而引起的电线走火。故障灯亮起，提醒我们更换滤水器的时候，我们没有管它。

所以，冰箱为什么会起火呢？回过头来看，是电线问题、滤水器问题，还是用户的问题呢？从问题本身、目标和偏见等不同的角度回答，所有这些答案都是正确的。

- 回溯过去所创造的历史脚注取决于相关的观点，并对现在如何花时间处理这个问题产生影响。
- 展望未来可以产生不同的方向和问题，引导你现在如何支配时间去处理这个问题。

如果我提出这样一个前瞻性问题：我们去哪里买一台新冰箱？那么此时，我会如何支配时间呢？

当你用时间的思想过滤器来过滤问题时，你会制造出各种新问题，来识别与你的时间目的有关的更好的答案。

问题的性质如何影响支配时间的方式呢？

在解决问题时，问一下自己，提出什么问题才能创造更多的时间，同时可以长期解决这个问题，以获得最大的好处（和最少的坏处）。

利用时间翻转式问题灭掉小火苗，可以帮助你在大火着起来之前就将其扑灭。

考虑不同观点，可以改变你的行为。

我们的生活中几乎每天都有小火苗，当你扑灭它们时，将其看作是完善流程和改变行事方式的一种方法，这样你就可以将那些对你的时间产生负面影响的事情直接消除、委托和外包出去。

问自己以下七个有关时间翻转的问题

进行个人盘点。从现在起一两年后，你希望过上什么样的理想生活，才会觉得满足？

1. 目的因：实现目标以后，成功对你来说是什么样子的？
2. 元决定：你真正会优先考虑什么？在此过程中你想成为什么样的人？
3. 元项目：你可以启动什么项目来实现你的大局？
4. 项目堆叠：你的项目之间有什么重叠之处，可以使一个优先项目同时满足许多目标？
5. 工作同步：如果即使你不在场，你的项目也可以自行运转，那么，你会如何协调生活和工作？
6. 专家招募：谁能为你（或与你一起）完成这件事？
7. 收入模式：你现在可以通过什么方式获得收入，才能使你更易于坚持原则、实现梦想和价值观（目的因）？

如果你未来一两年的愿望能在接下来的六个月或更短的时间内实现，会怎样呢？你现在要开始做什么来实现这个愿望？创造一种环境，使自己从未来而不是从过去出发采取行动，你需要做点什么呢？

你觉得最幸福的生活是什么样子的呢？

将目标作为当务之急

通过利用现有资源，从你期望的未来出发，而不是追在它后面跑，你会创造出棱镜效应，它包含了许多意料中以及意料外的可能性。

以下问题可以帮助你让时间翻转尽快发生。

- 什么事情是我急切想完成的？
- 之前是什么阻止了我做这件事情？
- 如果我摆脱了所有的借口会怎样？

提出不同的问题，比如"如果我知道如何去做这件事，我应该怎么做？""如果我雇一个人为我做这件事，我应该怎么做？""如果这可以赚到钱而且不会占用我的时间，我应该怎么做？"你可以创造非常不同的未来。

使问题与目的、优先事项、项目以及收入模式一致

不要欺骗自己。我们往往不敢问自己真正想要的是什么，因为害怕不能实现，或者因为一些毫无意义的理由。相反，你应该提出一些与你期望的成功相一致的问题，随着答案浮出水面，那一大堆无意义的借口就会消失不见了。

更好的问题⟵⟶目的⟵⟶优先事项⟵⟶项目⟵⟶收入

你大可不必辞职

约翰·马什尼（John Mashni）在他的律师事务所忙得焦头烂

额。他说:"我想多陪陪我的妻子和孩子们。我想做点什么,能赚到钱,还不用牺牲我生活中最重要的事情。我想写作。我想建立一份事业,使我可以支配自己的时间。"

别人会觉得这个新主意太疯狂了,但他学会了坦然接受别人异样的目光,因为超越目标的目标比害怕改变更重要。他开始问自己,如何才能在日常生活中更好地落实他的价值观。后来,他决定潜心投入他所热爱的童书写作中,这是任何外人都难以理解的决定。

约翰说:"律师事务所的业务异常繁忙,写一本幼稚的童书并不是我周围的人所能理解的。但是,这是一个正确的决定。我现在有了更多的时间陪伴我的孩子们,我们从写书和与书籍有关的工作中得到很多乐趣,也给其他孩子以及他们的父母带来了快乐。还有,当你向我介绍时间翻转的概念时,你鼓励我建立一项法律方面的业务,以匹配我自己的能力和目标,而不是只埋头于帮助别人发财致富。我学会了不再等待,而且是马上行动起来。"

时间翻转者并不是一定要辞掉工作或结束赖以生存的业务(如果他们不想这样做的话)。你可以提出对自己的工作和生活产生影响的更好的问题,为你的优先事项和项目制造空间,获得更多可以创造意义的能力、可用性和自主权。

约翰说:"我不能再老想着生活会在五年后、十年后或什么时候变得更好。我需要今天就开始过我想过的生活,而不是觉得完美生活存在于遥远的未来。生命是短暂的,你永远不知道明天和意外哪个先来。在这个世界上,有太多的人在兜售建议,而时间翻转旨在为那些需要的人传播智慧的种子,我本人就是受益者,而我的生活将从此不同。"

一个问题可能会引发另一个问题,但是与目的一致的问题支持你采取积极的行动。

提出可以改变一切的问题

思考以下三个知名的问题，并将它们应用到你自身的情况中：

问题一："人生中最持久也最紧迫的问题是'你为他人做了什么？'"

马丁·路德·金（Martin Luther King Jr.）说："在某些情况下，每个人都需要做出选择，是行走在富有创造力的利他主义之光中，还是具有破坏性的自私自利的黑暗中。判断标准就是'人生中最持久也最紧迫的问题是，你为他人做了什么？'"[2]

问题二："如果今天是我生命中的最后一天，我是否仍然愿意做我今天要做的事情？"

史蒂夫·乔布斯说："在我17岁的时候，我读到过一句话，大概是'如果你把每天都当作你生命中的最后一天来度过的话，总有一天你会发现自己获益颇多。'这句话给我留下了深刻的印象，此后的33年里，我每天早上都会问镜子里的自己：'如果今天是我生命中的最后一天，我是否仍然愿意做我今天要做的事情？'如果答案连续很多天都是'不'，我就知道我需要做出改变了。"[3]

问题三："如今的领导方式需要做出哪些改变？"

布琳·布朗（Brené Brown）问道："在当今的大环境中，我们面临着看似难以解决的挑战和永无止境的创新需求。为了使领导者们在这个复杂多变的环境中取得成功，如今的领导方式需要做出哪些改变？"[4]

你还有什么问题没问过自己？

要有辨别力

我预计，辨别力将成为 21 世纪最重要的领导能力。学会辨别的领导者、创业家和个人将拥有独一无二的优势，可以帮助更多的人，创造更多的价值，并且能更好地关心家人、爱护朋友、服务客户。

辨别力源于提出更好的问题。对领导者、创业家、创意人士、商人和个人决策者来说，辨别力使你能够看到更多的角度、更多的机会，并避免机会成本的增加。

方向。查尔斯·狄更斯（Charles Dickens）在《双城记》中写了一段话，这段话可能是对真理的多面性和异步性以及辨别力的本质做出的最好的描述。他说："那是最美好的时代，那是最糟糕的时代；那是个睿智的年月，那是个蒙昧的年月；那是信心百倍的时期，那是疑虑重重的时期；那是阳光普照的季节，那是黑暗笼罩的季节；那是充满希望的春天，那是让人绝望的冬天；我们面前无所不有，我们面前一无所有。我们直接走向天堂，我们直接走向另一条路。"[5] 今天，你同时面临着人性最好的一面和最坏的一面。

前进的最佳途径是什么？ 从目的因开始行动。作为一名时间翻转者，你要做的是，通过提出更好的问题来辨别事物，这样你就能在最好的地图上找到答案，并在日常生活中以越来越接近你的远大梦想（4P）的方式为你的工作和生活指引方向。

> 当你原本可以用同样的语气问一个 100 万美元的问题时，
> 你为什么要问 1 美元的问题呢？

改变问题，就能改变生活。

欢迎来到你的未来。既然你已经释放了你的时间，那么你将如何支配这些时间呢？更重要的是，在这个过程中你想要成为谁？

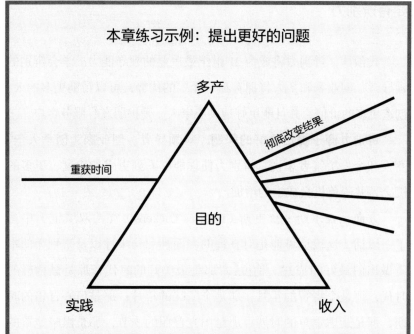

本章练习示例：提出更好的问题

1. 围绕你想做的、有挑战性的事情，写下10个开放式问题。例如，你可能想创办一项新业务，但是又觉得自己没有时间、经验或资金来做这件事。

2. 与其说你因为这些障碍而做不到，不如问问自己能做什么。利用时间翻转原则，你会找到一个创造性的答案。就像这样：如何才能在不发生 XYZ 的情况下，在"看似不现实的某个日期"之前实现 ABC？

记住，你没有必要什么事情都亲力亲为。关于如何在项目上支配时间的问题，你就是建筑师。当你不知道怎样完成某件事的时候，问一下谁可以做到，怎样才能使项目进行下去，在哪里可以进行，以及为什么需要完成它。这样，你就会找到办法，完成项目。

许多人没有找到答案，仅仅是因为他们不清楚答案的背后意味着什么，或者害怕完成工作可能需要付出的代价。但是，成功人士更害怕没有去尝试（以及因为没有尝试而产生的遗憾），而不是失败。让更好的问题胜过你害怕的答案，促使自己行动起来。

3. 现在，围绕着你的挑战，你已经提出了10个开放式的"更好的问题"，请和负责任的合作伙伴分享这些问题。

4. 讨论一下如何消除、委托或外包有挑战性的任务，以降低风险，获得成效，完成目标，而无须等待多年。

追求多产,不要追求完美

结 语

追求多产,不要追求完美

格里夫有一种魔力。

那天,几百人在那个僻静的海滩上欢呼。我们手拉手围成一圈,一起为我最好的朋友——8岁的格里夫祈祷,他在一周前去世了。我们在海湾中央把水溅在我们的冲浪板上,齐声恸哭。我们唱起《夏威夷骊歌》(*Aloha'Oe*),和他的家人一起投掷花环以示哀悼。

生活是不公平的。如果我们的生命中没有痛苦那该有多好?但是,痛苦是真切的。如果不必在生活中苦苦挣扎岂非幸事?但是,不幸依然存在。如果我们有着世界上所有的时间去陪伴我们爱的人,那该有多幸福?可惜的是,我们没有。

毫无疑问,格里夫在他短短8年的生命中,经历了不公平的痛苦和挣扎,这超出了他应该承受的范围。但是你永远不会知道这些,因为他看上去是那样纯粹地快乐着,对生活中的每件小事都难掩兴奋和喜悦。

他那富有感染力的灿烂微笑,他的热情,他的完全忘我的精神,他对每个人无条件的爱……令整个小城的人都对他赞不绝口。

格里夫是世界上最快乐的人。对我来说,格里夫是爱的化身。

随便找一个认识他的人问一下,他们都会告诉你,格里夫爱他们，而且是他们最好的朋友。他确实是最好的朋友。他不知道自己还剩多少时间，但是，在他的短短一生中，他化身为爱。格里夫激励着我。

你想成为什么样的人？

当我为这本书画上句点时，我回顾了自己调研、印证和写作的这几年，我意识到，优先考虑时间是优先考虑我们所爱事物的一种方式。时间是关于爱的。时间是对爱的一种表达。

无论你是在花费时间、投入时间，还是牺牲时间（无论是质量上还是数量上），爱都体现在你如何支配你的时间上。

但愿时间翻转能够帮助你通过工作、艺术创作、人际关系和生活送出或者收到你真正想要的东西——爱的礼物。

你是否有时间做你喜欢的事情，更多地取决于你对自己的看法，而不是世界对你的看法。

我希望你去追求一个有意义的、灵活又自主的人生。

无论时间如何有限，无论面临多少挑战，你都要选择为满满的幸福创造空间。

让"时间"成为你的座右铭：当下即所有。

这不是演习。
请回复"是"，确认信息已收到。

这是你的时间——翻转它。

让今天的日落重启你的人生。

致　谢

感激不尽。

起初，当我想到为了同步完成这项工作需要大量的人力、交流以及各种事项的时候，我感到现有资源完全不足，有点不知所措。所以，非常感谢时间翻转者们同意公开分享他们的每一次转变、发现和心路历程。感谢他们，有了他们的分享，现在其他人都可以测试自己的时间灵活性，探索这个已被证实的方法。

如果没有这么多人的无私贡献，这些生活、商业和时间课程的整体结合就只能是理论上的了。看到人们重新获得时间以及充分利用这些时间，我所能感受到的幸福、快乐与感激之情是无与伦比的。

幸福、快乐和感激是一根藤上的瓜。幸福就在当下，剩下的便是感激和共同的记忆。

对于这本书背后的灵感、勇气和方法演变，我永远怀以谦卑之心与深深的感激之情：

感谢娜塔莉，你就是我的一切。与你携手二十载，幸福的感觉无以言表！结婚时我们尚年轻，早早有了孩子，一起经历了很多。你的伟大梦想是我们一家人可以踏上旅途环游世界，这促使我们在热情冷却之前改变工作方式，我们在孩子们满屋子爬的时候就实现了这个梦想。刚开始的时候，所有人都不相信我们能做到。哈哈！我崇拜你，我尊重你，我仰慕你，我爱你。谢谢你教我无条件地爱他人。我们经历过地狱般的磨难，但是这些永远打不倒我们！

感谢我的儿子雷利，你曾冒着生命危险攀上山脊，征服巨浪，尝试高空跳伞，挑战其他让人胆战心惊的项目。有一次，我问你当时是否感到害怕。你告诉我："关键是……要勇敢。"当你教会我要勇敢时，你改变了我的生活。谢谢你教会我直面恐惧。

……哦，还要谢谢你陪我在日本大阪和中国东莞唱卡拉OK。

感谢我的儿子卡登，你曾经跟我说："谁说'英雄所见略同'？事实正好相反。"你说得太对了。谢谢你教会我引导创造力的艺术。在你11岁的时候，我们在不列颠哥伦比亚进行旅行教育和露营时的一条泥泞的道路上，你转头对我说，你很困惑，因为"每家亿万美元的公司也都是从一个创意开始的。很多人都有价值亿万美元的想法，但是他们却没有付诸行动，而是在等着别人去做。为什么不干脆走出去，亲自去做，让自己成为那个亿万富翁呢？"这些话竟然出自从一个孩童之口，你的艺术、音乐和将想法付诸实践的能力着实让我吃惊。

感谢我的儿子林肯，谢谢你常常拉我去冲浪，在海浪中，我脑海中迸发出对这本书的灵感。大海是如此抚慰人的心灵。车祸后，当你从昏迷中醒来时，你问我们是否还可以去潜水看鲨鱼……你还告诉妈妈你爱她，问她是否无恙。好孩子。那次事故后，你没有因此胆战心惊，小心翼翼，而是一如既往地热爱生活，就像什么都不曾发生过。这种心态非常难能可贵，很鼓舞人。你教会了我要乐观、坚强地面对挫折。

感谢我的儿子加文给我们带来的美好回忆，你教会了我如何生活。

感谢孩子们的舅舅加文给我们带来的难忘的回忆，你为我们树立了热爱生活的典范。

感谢那些曾寄养在我们家的好孩子，无论你们身处何方，你们

致　谢

给我们的力量是任何东西都无法代替的，你们一直鼓舞着我们，我们由衷地佩服你们。

感谢我的父母，感谢你们将我养大，让我像风筝一样自由飞翔，你们的爱化作手中长长的线，给予我稳稳的幸福。

感谢我的岳父岳母，感谢你们一直以来给予我们的无私的爱和无条件的支持。

当然，还要感谢格里夫，还有他伟大的父母克丽斯（Chris）和泰勒·皮尔斯（Taylor Pierce）。我和娜塔莉被你们的生活态度、教养方式，以及你们如何与世界分享格里夫的礼物所鼓舞。你们百折不挠的精神感动了我，使我更加懂得了意志坚定的重要性。跟你们一起穿越欧洲，是我们生命中最美好的时光。

感谢本·哈迪，你从我的学生成为我的导师。感谢你帮助我完善想法，为这本书插上翅膀，帮助我走向"未来的自己"。你是一位真正的朋友。也感谢劳伦（Lauren）和你们优秀的孩子，感谢你们的大家庭，在写这本书的几年时间里，我屡次登门，感谢你们一直对我那么友善。

感谢无私奉献的文学经纪人劳里·利斯（Laurie Liss），感谢你在帮助我不断提高写作水平时所表现出来的毅力和领导力，时而大胆，时而谦逊，这对我意义深远。

感谢责任编辑丹·安布罗西奥（Dan Ambrosio），感谢你接手了这个项目，感谢你的热情，感谢你的专业，感谢你相信我。感谢你和阿歇特出版公司对本书的建议、远见和精良的制作。感谢你完美地解决了夏威夷和纽约的时差问题。感谢你的鼎力相助，我深感荣幸。

感谢许多愿意在本书中分享故事的时间翻转者，包括但不限于泰勒·卡明斯、约翰·李·杜马斯、帕特·弗林、盖尔·哈勒戴、史蒂夫·哈勒戴、本杰明·哈迪博士、尼尔·胡珀、拉马尔·英尼斯、拉舍尔·贾维斯、埃维·琼斯、萨姆·琼斯、米歇尔·乔根森、布赖斯·约尔根迈尔、内莉·约尔根迈尔、马鲁亚·马格雷（Maruia Magré）、蒂埃芬·马格雷、卡梅伦·曼沃林、约翰·马什尼、肖恩·麦克莱伦、安杰尔·奈瓦卢、简·奥希罗、格雷格·佩西、凯拉·波尔森、卡西·普赖斯、拉蒙·雷、西拉、肖恩·范·戴克、道格和琳赛、劳拉·威克、本·威尔森以及迦勒·沃西克。同时，也非常感谢数以千计的其他时间翻转者，包括我的学生、客户、朋友、家人以及那些不愿意透露姓名的热心人。

感谢在"时间翻转"这个名称确定之前，就主动测试时间翻转框架和时间翻转方法论的志愿者。感谢历代伟人遗留给我们的智慧，比如亚里士多德以及他提出的目的因。诚然，如果没有前人的生活经验、深刻见解、失败和成功，以及现代生活实例，这本书就不可能完成。写这本书的过程如同缓缓展开一幅卷轴，因为我特意考虑到了在各种有趣的情况、地点和目的下对这些方法的基本运用，以发挥其最大效果。

感谢在 PROUDUCT 工作的我的商业伙伴蒂埃芬·马格雷和贾斯·贝内特（Jase Bennett），多年来，他们一直在使用这些原则与我合作。在工作、家庭中，以及居家工作时，在享受快乐的同时（聚会、独处和陪伴家人），还可以使业务遍布全球，这着实感觉不错。我最美好的记忆之一是，当时我们距离下个会议还有 24 小时，所以我们从中国深圳飞到泰国曼谷待了一天，然后再回来开会。时间以一种不可思议的方式被正式翻转了。

感谢惠特尼·约翰逊，你教会了我如何颠覆自己，摆脱困境；教会了我如何以聪明的方式成长。你的善良、友好，以及在做最棘手的工作时苦中作乐的精神，让我印象深刻。在我们一起合作项目的过程中，你教会了我真诚地接纳新事物，并专注于进步的核心原则。感谢你帮助我通过自我颠覆成为更好的自己。

致　谢

追思史蒂芬·柯维，感谢他教会了我什么是领导力。当我问他如何在一些情况下处理好与某些人的关系时，他告诉我，跟他们以朋友相处，坦诚相待。这个智慧贯穿了我的一生，我也将其融入了本书中。

感谢史蒂芬·M. R. 柯维，你教我要自信。感谢你肯花时间指导我，在我需要的时候伸出援手，给予我信任，教我将信任延及他人。你教我要对自己的学习能力和取得成果的能力有信心。

感谢前期制作期间所有帮助过我的专家们，包括但不限于多年来一直帮助我提高写作故事性和表现力的梅西·鲁滨逊（Macy Robinson）、具有令人赞叹的编辑能力的肯尼思·巴恩斯（Kenneth Barnes）以及帮助我确保资料来源正确性的史蒂文·津克（Steven Zink）。在最初的起草阶段，你们对我的帮助大大缓解了我在这个阶段的痛苦。

感谢西拉。你是一盏明灯，指引我克服一切困难。

感谢马歇尔·戈德史密斯，是你告诉我"那些让你取得目前成就的做法，未必能让你走得更远"。你教会我如何通过帮助那些需要帮助的人来扩大影响力。你在世界顶级高管教练中织就了一张爱的网。我很感激成为MG100教练中的一员。

感谢斯科特·奥斯曼（Scott Osman）在MG100培养领导力和策划团队。你教会了我如何通过结交朋友、赞美他人和发扬人性的光辉来丰富自己的生活。

感谢本·威尔森，你用你的才干向世人证明，坚持这些原则，生活会有所改观。你的杰出贡献产生了巨大的连锁反应，对人们影响深远。

感谢 Drex_jpg 的精湛技术。Drex_jpg 将我的话做成艺术作品并发表在网络上。当我看到了他的作品时，我很喜欢，于是我雇用了他。长期相处下来，我非常认可他的艺术眼光，因此我聘请他负责这本书的设计工作，这也是时间翻转的一个完美案例。

感谢格雷格·佩西，你向我们阐明了怀有希望的重要性，为全球自由职业者提供了丰富且全面的资源。

感谢迈克（Mike）和阿什利·勒米厄（Ashley LeMieux），在我以为夏威夷即将被弹道导弹炸毁时，是你们在纳什维尔陪伴着我。

感谢乌尔迪斯·格雷特一家（Uldis Greters），你们全心全意地经营着一家国际企业，还为创造者提供了难得的时间自由。

感谢《里奇·诺顿秀》(The Richie Norton Show)中协助塑造了今天的思想领导力的所有播客嘉宾，包括格蕾琴·鲁宾（Gretchen Rubin）、史蒂芬·M. R. 柯维、杰夫·戈因斯（Jeff Goins）、帕特·弗林、约翰·李·杜马斯、苏珊·凯恩、迈克尔·邦吉·斯塔尼尔（Michael Bungay Stanier）、惠特尼·约翰逊、西拉、克里斯·达克（Chris Ducker）、唐纳德·凯利（Donald Kelly）、凯西·卡普里诺（Kathy Caprino）、马吉·德西乌斯（Marj Desius）、麦肯齐·鲍尔（McKenzie Bauer）、拉蒙·雷、本杰明·哈迪、马歇尔·戈德史密斯、基思·费拉齐（Keith Ferrazzi）、雷特·鲍尔（Rhett Power）、杰奎琳（Jacquelyn Umof）、贝姬·希金斯（Becky Higgins）、保罗·卡达尔（Paul Cardall）、理查德·保罗·埃文斯（Richard Paul Evans）以及其他许多分享他们的故事的人。感谢你们从幸福、创业、生活方式和生产力的角度回答我关于时间自由的问题。

感谢我的小狗韦尔齐（Velzy），它的心情总是很好。我们在海边散步时，它竖着耳朵倾听了我的很多交易和辅导电话，创造了比世界上任何人更多的美好回忆。那是一段美好的时光。

致以深深的敬意！

里奇·诺顿

夏威夷瓦胡岛北岸落日海滩

2022年1月24日

注 释

引 言

1. 错误的弹道导弹手机预警信息请参阅：*Honolulu Star Advertiser*, January 13, 2018, www.staradvertiser.com/2018/01/13/breaking-news/emergency-officials-mistakenly-send-out-missile-threat-alert/。
2. Richie Norton and Natalie Norton, *The Power of Starting Something Stupid*: *How to Crush Fear*, *Make Dreams Happen*, *and Live Without Regret* (Salt Lake City, UT: Shadow Mountain, 2013).
3. 弗雷德里克·泰勒的《科学管理原理》(纽约：哈珀兄弟，1919) 英文原版全文详见：www.gutenberg.org/ebooks/6435。

导 论

1. Stephen R. Covey, *The 7 Habits of Highly Effective People*: *Powerful Lessons in Personal Change* (New York: Simon & Schuster, 1989), 90–91.
2. Peter Drucker, *Landmarks of Tomorrow* (New York: Harpers, 1959).
3. See Alcoholics Anonymous, "Is A.A. for You? Twelve Questions Only You Can Answer," www.aa.org/pages/en_us/is-aa-for-you-twelve-questions-only-you-can-answer.

第一章

1. Whitney Johnson, *Disrupt Yourself* (Cambridge, MA: Harvard Business Review, 2015).
2. 我和西拉于2016年相识于摩尔多瓦，当时我们都在做TEDx演讲。她已经成为我们一家人的好朋友。当她住在好莱坞时，我从夏威夷对她的人生经历和经验教训做过采访。如果你想了解西拉以及此次《里奇·诺顿秀》采访的更多细节，请观看："SIRAH—A Light in the Dark," February 23, 2020, https://richienorton.com/2020/02/s1-e23-sirah-a-light-in-the-dark-explicit/。

3. Jessica Sager, "Skrillex Nabs Best Dance Recording + Best Dance/Electronica Album Trophies at 2013 Grammys," February 10, 2013, POPCRUSH, https://popcrush.com/skrillex-2013-grammys/.

4. 了解更多关于亚里士多德与目的因的细节，请参阅："Aristotle on Causality," *Stanford Encyclopedia of Philosophy* (2006, revised 2019), https://plato.stanford.edu/entries/aristotle-causality/。

第二章

1. Dorie Clark, *Stand Out*: *How to Find Your Breakthrough Idea and Build a Following Around It* (New York: Portfolio/Penguin, 2015).

2. 更多本杰明·哈迪的著作请参阅：https://benjaminhardy.com。

第三章

1. Geoffrey James, "45 Quotes from Mr. Rogers That We All Need Today," *Inc.*, August 5, 2019, www.inc.com/geoffrey-james/45-quotes-from-mr-rogers-that-we-all-need-today.html.

2. Madeleine L'Engle, *A Wrinkle in Time* (New York: Farrar, Straus & Giroux, 1962).

3. Chairman's letter (Warren Buffett), "To the Shareholders of Berkshire Hathaway, Inc.," 1993, www.berkshirehathaway.com/letters/1993.html.

4. Habit 2 from Stephen R. Covey, *The 7 Habits of Highly Effective People*: *Powerful Lessons in Personal Change* (New York: Simon & Schuster, 1989).

5. 帕累托法则是由19世纪意大利经济学家维尔弗雷多·帕累托（Vilfredo Pareto）提出的，通常称为"80/20法则"，即一个人20%的行为带来80%的结果。了解更多信息，请参阅："Pareto Principle," *APA Dictionary of Psychology*, https://dictionary.apa.org/pareto-principle。

第四章

1. Marcus Aurelius, *The Meditations*, bk. 1 (translated by George Long), Internet

Classics Archive, http://classics.mit.edu/Antoninus/meditations.mb.txt.

2. 《从优秀到卓越》(*Good to Great: Why Some Companies Make the Leap and Others Don't*. New York: Harper Business, 2001) 以及其他关于商业战略和领导力的畅销书作者吉姆·柯林斯，声称他是从传奇管理顾问彼得·德鲁克学到的这一决策准则。柯林斯提到，他是从彼得·德鲁克的《卓有成效的管理者》(*The Effective Executive*. New York: Harper Business, 1967; anniversary ed., 2017) 五十周年纪念版的前言中学到的经验。

3. 达顿集团在其简报/博客 (*The Darton Equation*, January 2012) 中，对沃尔特·艾萨克森 (Walter Isaacson) 所著的备受赞誉的《史蒂夫·乔布斯传》(*Steve Jobs*, New York: Simon & Schuster, 2011, https://dartongroup.wordpress.com/tag/steve-jobs/) 发表了上述评论。艾萨克森在2011年的传记中指出，乔布斯多年来用不同的方式践行着这句话。

4. 关于道恩·强森的成功商业理念，请参阅："Dwayne Johnson and Dany Garcia Want You to Rethink Everything," *Entrepreneur* (April 2020; updated March 2021), www.entrepreneur.com/article/348232。

第五章

1. 关于本章引语以及艾莎·埃文斯对人类精神和科技的影响，请参阅："Aicha Evans: Human Spirit and Technology," *Disrupt Yourself Podcast with Whitney Johnson* (podcast), May 25, 2021, https://whitneyjohnson.com/wp-content/uploads/2021/05/DisruptYourselfPodcast217AichaEvans.pdf。

2. 更多有关罗杰斯的冒险旅程，请参阅："Sept. 17, 1911: First Transcontinental Flight Takes Weeks," *Wired*, September 17, 2009, www.wired.com/2009/09/0917 transcontinental-flight/。

3. Gerald Smith, "Spanning Time: Before Lindbergh, Another Aviation Pioneer Made Brief Stop in Broome," *Binghamton Press & Sun-Bulletin*, July 19, 2019, www.pressconnects.com/story/news/connections/history/2019/07/20/early-aviation-pioneer-cal-rodgers-made-brief-stop-broome-county/1757428001/.

4. Ben H. Morrow and K. W. Charles, "Cal Rodgers and the Vin Fiz," *Historic Aviation* (October 1969), www.modelaircraft.org/files/RodgersCalbraith CalPerry.pdf.

5. Smithsonian National Air and Space Museum, "The First American Trans-continental Flight," https://pioneersofflight.si.edu/content/first-american-transcontinental-flight.

6. Karen Weise and Daisuke Wakabayashi, "How Andy Jassy, Amazon's Next C.E.O., Was a 'Brain Double' for Jeff Bezos," *New York Times*, February 4, 2021.

7. Cal Newport, *Deep Work: Rules for Focused Success in a Distracted World* (New York: Grand Central, 2016).

第六章

1. Alisa Cohn, *From Start-Up to Grown-Up: Grow Your Leadership to Grow Your Business* (New York: Kogan Page, 2021), 19.

2. Jeremy Menzies, "The Ghost Ship of Muni Metro (Part 1)," July 21, 2016, www.sfmta.com/blog/ghost-ship-muni-metro-part-1.

3. Jessica Placzek, "The Buried Ships of San Francisco," www.kqed.org/news/11633087/the-buried-ships-of-san-francisco.

4. Jessica Placzek, "Why Are Ships Buried Under San Francisco?," www.kqed.org/news/10981586/why-are-there-ships-buried-under-san-francisco.

5. 史蒂文·斯皮尔伯格的这句话引自: "Michael Kahn (Film Editor)," June 10, 2018, https://alchetron.com/Michael-Kahn-(film-editor)。

6. 关于道恩·强森的成功商业理念，请参阅: "Dwayne Johnson and Dany Garcia Want You to Rethink Everything," *Entrepreneur* (April 2020; updated March 2021), www.entrepreneur.com/article/348232。

7. Caleb Wojcik and Pat Flynn, "The Origin Story Behind SwitchPod," https://switchpod.co/pages/about.

8. Dan Sullivan and Benjamin Hardy, *Who Not How: The Formula to Achieve Bigger Goals Through Accelerating Teamwork* (Carlsbad, CA: Hay House, 2000).

9. Thiefaine Magré, "Do What You Do Best and Outsource the Rest," https://www.linkedin.com/posts/thiefainemagre_productguy-operations-supplychain-activity-6783427167008256000-WQ6U/.

10. 更多有关 PROUDUCT 的信息，请访问: www.prouduct.com。

第七章

1. Ralph Waldo Emerson, *The Conduct of Life* (Boston: Houghton, Mifflin, 1859), 86.
2. BodyMind Coaching with Laura Wieck, https://thenewbodymind.com/.
3. 了解安徒生精选语录，请参阅："Hans Christian Andersen Quotes," Goodreads, www.goodreads.com/author/quotes/6378.Hans_Christian_Andersen。
4. Clayton M. Christensen, Efosa Ojomo, and Karen Dillon, *The Prosperity Paradox*: *How Innovations Can Lift Nations Out of Poverty* (New York: HarperCollins, 2019).
5. Akhilesh Ganti, "Economic Moat," Investopedia, www.investopedia.com/terms/e/economicmoat.asp.
6. W. Edwards Deming Institute, https://deming.org/quotes/10141/.
7. Kevin Kelly, "1,000 True Fans," *The Technium* (blog), https://kk.org/thetechnium/1000-true-fans/.

第八章

1. Adam Grant, "Productivity Isn't About Time Management: It's About Attention Management," *New York Times*, March 28, 2019.
2. 了解戈德史密斯著作的更多细节，请参阅 "How Adults Achieve Happiness," *BusinessWeek*, December 10, 2009, https://marshallgoldsmith.com/articles/how-adults-achieve-happiness/。了解戈德史密斯更多著作，请访问：https://marshallgoldsmith.com/。
3. Elon Musk, "The Secret Tesla Motors Master Plan (Just Between You and Me)," August 2, 2006, www.tesla.com/blog/secret-tesla-motors-master-plan-just-between-you-and-me.
4. Marcel Schwantes, "Elon Musk Shows How to Be a Great Leader with What He Calls His 'Single Best Piece of Advice,'" *Inc.*, July 12, 2018, www.inc.com/marcel-schwantes/elon-musk-shows-how-to-be-a-great-leader-with-what-he-calls-his-single-best-piece-of-advice.html.

第九章

1. Frank Johnson, *The Very Best of Maya Angelou*: *The Voice of Inspiration* (n.p.:

Frank Johnson, 2014).

2. Kerr Houston, "'Siam Not So Small!' Maps, History, and Gender in *The King and I*," *Camera Obscura* 20, no. 2 (2005): 73–117.

3. Ramon Ray, "Entrepreneurship and Depression: Resource for Entrepreneurs to Understand and Conquer It," https://smarthustle.com/entrepreneurship-and-depression/#.YZbql2DMKUk. This website contains additional information about Ramon Ray and his work.

4. Ivan DeLuce, "Something Profound Happens When Astronauts See Earth from Space for the First Time," *Business Insider*, July 16, 2019, www.business insider.com/overview-effect-nasa-apollo8-perspective-awareness-space-2015-8.

5. Sarah Scoles, "So You Think You Love Earth? Wait Until You See It in VR," Wired, June 21, 2016, www.wired.com/2016/06/2047434/.

第十章

1. 爱因斯坦名言出自《生活》(*Life*)杂志主编威廉·米勒（William Miller）于1955年5月2日发表在《生活》杂志上的文章："Death of a Genius"，www.sundheimgroup.com/wp-content/uploads/2018/05/Einstein-article-1955_05.pdf。

2. 马丁·路德·金的引言出自其于1957年8月11日在亚拉巴马州的蒙哥马利市的布道。

3. 史蒂夫·乔布斯语录出自其于2005年6月12日在斯坦福大学发表的毕业典礼演说的发言稿：https://news.stanford.edu/2005/06/14/jobs-061505/。

4. Marla Tabaka, "Brené Brown Asked Senior Leaders This Tough Question," *Inc.*, March 28, 2019, www.inc.com/marla-tabaka/brene-brown-asked-senior-leaders-this-tough-question-answer-may-sting-a-bit.html.

5. Charles Dickens, *A Tale of Two Cities* (Philadelphia: T. B. Peterson and Brothers, 1859), 4–5.

索 引

（所注页码为英文原书页码）

ability, capacity level, 11–13
accountant, example, 175–176
action, not distraction, 22–23
Aldrin, "Buzz," 222–224
algebraic thinking, 202–203
Andersen, Hans Christian, 170–171, 172
Angelou, Maya, 215
anti-time management approach
　description of, 15, 23
　moral of, 22
　principles, 16
　tools for, 23, 65
Aristotle, Four Causes, 44–45
Armour, J. Ogden, 129
arrival mode, 184
artificial intelligence, 9
asymmetrical changes, 16
attention (value), 197–198
attention prioritization, 6, 13, 128–132, 224–225
attention synchronization, 224
attraction (value), 193
autonomy
　acquiring, 49
　choices and, 11–13
availability, choices and, 11–13

balance. *See* work-life flexibility
barrel dodger, 202
Beaver, David, 223
behavior, synced with thoughts, 132–133
behavior-shaping constraints, 95
Bezos, Jeff, 132–133
billionaire, with no time, 78
blogging business, example, 76
bottlenecks, 155–156, 200
brain double, 132–133
Brown, Brené, 246
Buffett, Warren, 88, 112, 178–179
burning bridges, 186
business successor, 132–133

carrot-and-stick time management, 48–50, 87
children's book author, 221
children's book author, example, 244–245
Christensen, Clayton, 174, 182
cities, building, 203–204
Clark, Dorie, 67
Cohn, Alisa, 147
Collins, Jim, 112
competition, researching, 239–240
confidence, 186

construction worker, example, 18
conversations, building trust and, 71–75
cookie-cutter approach, 182–183
courage, 3–4
Covey, Stephen, 28, 71, 95, 207
creating space, 78–80, 96–102
critical restriction, 73
cross-project pollination, 109
crowdsourcing, 155, 158
Cummings, Taylor, 176–177
curiosity, 236–237
customers, identifying, 193

daily interactions, 182–184
deadlines, 109–111, 118
declutter time, 123
Deep Work (Newport), 135
delegation tasks, 100–101
Delgado, James, 148
Deming, W. Edward, 183
denial mode, 183
denial-survival-revival-arrival loop, 184
dentist, example, 18
Dickens, Charles, 246
discernment, 246–247
Disrupt Yourself (Johnson, Whitney), 39
distractions, 22–23
downtime, 136–137
dream dodger, 202
dreams
　deadlines, 118
　hollow hopes, 202
　investment in, 189–190
Drucker, Peter, 33, 112
Dumas, John Lee, 133, 157

economic engagement rules, 184–186
economic moat
　building of, 173–174
　business model changes, 174–178
　daily interactions, 182–184
　dreams, investment in, 189–190
　economic engagement rules, 184–186
　final cause and, 109, 172–173
　payment terms, 191–193
　projects and, 88–89
　takeaways, 190–193
　value-added services, 169–170
　work, cause and effect of, 180–181
　work constraints, 186–189
　work evaluation, 170–172
economic timeline, 183–184
educators, 9
effectualism, 120
Einstein, Albert, 235–237
eliminate, delegate, and outsource (EDO), 91–102
Emerson, Ralph Waldo, 169
empathy, 4
empty spaces, 137
ends *versus* means, 95
entrepreneurial businesses, 9, 47–48
Evans, Aicha, 125
Everett, Richard, 148
excuses, 62–63
executive, example, 18
expert sourcing
　bottlenecks, 155–156
　chart, 164–165
　control and, 152–153
　examples of, 156–158
　fears and excuses, 62–63

flash teams, 155
Innes, Lamar and Chelsea, 156–158
love of work, 153–154
models, 162–163
overview, 147–149
principle, 16
purpose and, 150–151
reasons for, 151
skills and, 206, 243
takeaways, 162–166
thought sharing, 133
training and, 152
work syncing, 108–109

family
changes in, 74–75
memories and, 140–142
tragedies in, 1–5
fears, 62–63
feedback loop, 205
final cause
economic moat and, 172–173
four-Ps of productivity, 36, 54–65, 82–83
identifying, 56
meta-goals to, 51–54
past, present, future time, 89–91
project stacking, 123
strategic moat, 88–89, 109
work syncing, 145
your only cause, 45–51
final effect, 120
fires, preventing, 241–242
flash teams, 155, 159
flexibility, term usage, 13. *See also* work-life flexibility
Flynn, Pat, 158
forcing functions, 95–96, 184
Four Causes, Aristotle, 44–45

four-Ps of productivity, 36, 54–65, 82–83
freelancers, 155
From Start-Up to Grown-Up (Cohn), 147
future, your choice, 42
future time, 91

gain (profit), 193
gamification, 31
Gavin's Law, 1, 5
"Getting to Know You" (song), 218
ghost stepping, 137–140
goal setting, 43–44
goals
choosing, 51
example, 53
experience and, 237
meta-goals, 51–54
Gold Rush Port (Delgado), 148
golden cage, 68–69
Goldsmith, Marshall, 198–199
Good to Great (Collins), 112
Grant, Adam, 135, 195
gratitude, 189
grief, 251
Grif, 251–252

Halladay, Steve and Gail, 239–240
Hardy, Benjamin, 76, 158
Hearst, William, 128
Hermanns (professor), 236
Hiatt, Ann, 133
higher-order thinking, 51–65
high-impact staging, 133–134
hobbies, turned to income stream, 239
hollow hopes, 202
Hooper, Neal, 238–239
horror vacui (empty spaces), 137

human soul, 236
humility, 200

"I am" statements, 52–53
income sources, increasing, 187
Innes, Lamar and Chelsea, 156–158
in-office employee, example, 19
intentional living, 225–227
interlocking support system, 115
intuition, 235
inventory
    daily to-dos, 97
    delegation tasks, 100–101
    elimination tasks, 100
    outsourcing tasks, 101
    work-life-balance, 98
    of your life, 93–94, 242–243

Jarvis, Rashell, 91–93
Jassy, Andy, 133
Jobs, Steve, 116, 245
Johnson, Dwayne "The Rock," 121, 157–158
Johnson, Whitney, 39
Jones, Eevi, 221
Jones, Sam, 85–87
Jorgensen, Michelle, 137–138
journals, as a product, 157
Jurgensmeier, Bryce and Nellie, 215–216

Kahn, Michael, 153
Kelly, Kevin, 187
King, Martin Luther, Jr., 245
The King and I (musical), 218
knowledge work, 33

Lamb, Karen, 226
large outputs, from small inputs, 218–220

lawyer, example, 179
learnable skill, 6, 160, 182, 210
life
    inventory of, 93–94, 242–243
    purpose and priorities, 159–162
lifestyle
    changes in, 108–109
    determining factors, 172
Link, Gavin, 5, 161, 220
Live to Start. Start to Live
    (Gavin's Law), 1, 5
living for today, 197, 244–246
Lowell, Dave and Kirsten, 140–142
Loy, David, 223

Magré, Thiefaine and Maruia, 159
management, defined, 25
manufacturing, outsourcing, 157–158
Manwaring, Cameron, 207
maps, perspectives and, 217–218, 223
Marcus Aurelius, 107
Mashni, John, 244–245
massage therapists, 169–170
McLellan, Sean and Mel, 240
meaning
    means and, 54–65
    money and, 71, 220–222
    money *versus* meaning matrix, 227–233
means *versus* ends, 95
memories, 140–142
mental clarity, of overview effect, 222–224
meta-decisions, 242
meta-goals, 51–54, 80–81
meta-projects, 243
mindful approach, 111–114
mission match, 117

Mister Rogers, 85
money
  meaning and, 71, 220–222
  money *versus* meaning matrix, 227–233
  payment terms, 191–193, 204–206
  reclaiming time and, 19–21
  seed money, 196
multitasking, 113–114
Musk, Elon, 114, 204–206

Naivalu, Angel, 177–178
Newport, Cal, 135
Norton, Cardon, 1
Norton, Gavin, 5, 161, 220
Norton, Lincoln, 3–4
Norton, Natalie, 2, 3, 19, 48, 56, 215, 225
Norton, Raleigh, 2, 189

"1,000 True Fans" (Kelly), 187
Oshiro, Jan, 239
outside-the-box thinking, 169–172
outsourcing tasks. *See* expert sourcing
overpreparedness, 119–121
overview effect, 222–224

Pablo (tortilla maker), 157–158
Pareto Principle, 99–100
past time, 90
payment orientation, 243
payment terms, 191–193, 204–206
payments, term usage, 16–17
people purpose, 58–59
people-first approach, 8
perceptions, 89–91
perfectionism, 119, 226
personal inventory, 242–243

personal purpose, 58
Pesci, Greg, 179
phantom living, 137–140
photographer, 174–175
play purpose, 59
podcasts and podcasters, 18, 133, 157
positive constraints, 73–74, 185
positive reinforcing constraints, 186
post-management movement, 8–10
Poulsen, Keira, 115
poverty, fixing of, 174
The Power of Starting Something Stupid (Norton), 76, 85
practical duality, 71
practices, term usage, 16
preparation, 119–121
present time, 90–91
Price, Casy, 176
pride, 200
The Principles of Scientific Management (Taylor), 7–8
priorities
  attention and, 6, 13, 128–132, 224–225
  changing, 207
  emphasis on, 77–80
  purpose, 57–62, 117
  term usage, 16–17, 21
priority blending, 110
priority overlap, 118
prisms of time, 54
prismic productivity
  choosing your map, 217–218, 223
  diagram of, 214
  intentional living, 225–227
  Jurgensmeier, Bryce and Nellie, 215–216
  making money and meaning with, 220–222, 227–229

prismic productivity (*continued*)
  overview effect, 222–224
  productive paradox, 224–225
  small inputs, large outputs, 218–220
problems, solving for today, 197
procrastination, 118–119, 226
product creation, expert sourcing, 158
productive paradox, 224–225
productivity
  four-Ps
    (*see* four-Ps of productivity)
  prismic
    (*see* prismic productivity)
productivity management, 26
productivity symbols, 134–136
products, types of, 21
professional purpose, 58
professionals, 9
profit (gain), 193
project congruent, 132
project overlap, 116–118
project stacking
  dreams, 118–119
  interlocking support system, 115
  Johnson, Dwayne "The Rock," 121, 157–158
  lifestyle change, 108–109
  mindful approach, 111–114
  multitasking, 113–114
  overpreparedness, 119–121
  principle, 16
  project terms, 109–111
  question for, 243
  stacking time, 122–123
  strategic moat, 88–89, 109
  thinking, 116–118
  Wilson's story, 107–108
project tripod, 115, 162

projects
  align purpose to, 79–80
  final cause and, 83
  to make time, 17–19, 73
proliferation, 226
prototyping, expert sourcing, 158
purpose
  ecosystem, 162
  expert sourcing and, 150–151
  prioritizing, 57–62, 117
purpose projects, 161–162
purposefulness, 127

questions
  activity for, 248–249
  aligned for success, 244
  applied to four-P's, 57–62
  baseline, 34
  discernment, 246–247
  economic engagement rules, 184–186
  Einstein's answers to, 235–237
  for final cause, 56, 88–89, 241
  forward looking, 241–242
  money-meaning evaluation, 230
  positive constraints, 73–74, 185
  precursor to your future, 241
  reprioritizing activities, 209–210, 237–240
  time tipping, 242–243
  values, 245–246

Ray, Ramon, 221–222
remote time, 31–33
remote work, 204
researching competition, 239–240
resourcefulness, 125–127
resources, combining, 122
results, 55
revival mode, 184

rhythmic synchronization, 224
risk, 186
robots, 9
Rodgers, Cal, 128–132
Rome (ship), 147

San Francisco gold rush, 147–148
scalability, 49
scales of time, 43–44
scientific management, 8
seed money, 196
self-identity, 218
Sirah's story, 39–44
skills, 206. *See also* expert sourcing
Skrillex (Sonny), 41
small inputs, large outputs, 218–220
solopreneurs, 9
soul, belief in, 236
Spielberg, Steven, 153
stacking time, 122–123
Stand Out (Clark), 67
start-up company, 176–177
stay-at-home mom, example, 177–178
stick-and-carrot time-management, 48–50, 87
strategic moat, 88–89, 109
strategy, 55
stress, 186
Sullivan, Dan, 158
sunk time, 188
sunsets, 6–7
supplier screen, 159
supply-chain operations, 157–158
support system, interlocking, 115
survival mode, 184
symbols, of productivity, 134–136
sync time, 188–189

tactics, 55
A Tale of Two Cities (Dickens), 246
Taylor, Frederick Winslow, 7–8
Tesla, 204–205
thinking and thoughts
    algebraically, 202–203
    project stacking, 116–118
    synced with behavior, 132–133
time
    collapsing of, 87–89
    scales of, 43–44
    value of, 181
TIME (Today Is My Everything), 1, 5, 252
time creation, 6, 18, 45
time freedom, 21, 73, 89, 202
time management
    management and, 27–30
    personal values, 198
    purpose of, 7–8, 87
    reclaiming your time, 30–31
    remote time, 31–33
    time under, 25–27
time return on time (TROT), 198–199, 201
time stacking, 122–123
time tipping
    action, not distraction, 22–23
    beyond time management, 7–8
    decluttering, 123
    description of, 13–19
    framework diagram, ix, 11–13, 14, 219
    money and, 19–21
    principles, 16
    questions, 242–243
    stages of, 15–16
Time Tipping Toolbox, 23
time traps, 10, 142–143

timeline, creating space, 78–80, 96–102
tragedies, reactions to, 1–6
training, 152
trust, building, 71–75
truth, 235

urgency, 243

value (attention), 197–198
value (attraction), 193
value timescales, 208
value-added services, 169–170
values
   algebraic thinking, 202–203
   carrot-and-stick management, 49–51
   cities, building, 203–204
   living with, 53, 199
   operationalizing values, 175
   payment terms, 204–206
   purpose and, 200
   questions, 245–246
   reprioritizing activity, 209–210
   takeaways, 208
   time return on time, 198–199, 201
   watermelon sales, 195–196
   work-life value alignment, 197–198
Van Dyke, Shawn, 237–238
videographer, time tipper example, 18
virtual reality, 9

watermelon sales, example, 195–196
Who Not How (Sullivan & Hardy), 158
Wieck, Laura, 169–170
Wilson, Ben, 107–108
Wojcik, Caleb, 158
work, cause and effect of, 180–181
work constraints
   breakdown of, 186–187
   by the numbers, 187–189
work evaluation, 170–172
work syncing
   creating space for, 127–128
   downtime, 136–137
   expert sourcing, 108–109
   final cause, 145
   ghost stepping, 137–140
   high-impact staging, 133–134
   principle, 16
   question for, 243
   resourcefulness, 125–127
   takeaways, 143–144
work-life alignment, 178–180
work-life balance inventory, 98
work-life flexibility, 10–14, 66, 74–83
work-life satisfaction, 198–199
work-life value alignment, 197–198
Wright, Orville, 128
A Wrinkle in Time (L'Engle), 87